新能源汽车维修入门书系

电动汽车彩色图解
结构　原理　保养

王　恒　编著

机械工业出版社
CHINA MACHINE PRESS

本书采用大量的高清彩色图片，以图文对照的形式，直观且通俗地介绍了电动汽车的构造、工作原理及高压安全防护与维护保养方法。为了使读者更直观地了解进而理解电动汽车的结构原理及使用、保养方法，本书特别制作了动画视频，读者使用智能手机、平板计算机等终端设备扫描二维码即可观看。

本书既可以作为汽车爱好者了解电动汽车的科普，也可以作为职业院校汽车类专业的教辅用书及汽车售后服务技术人员的自学用书。

图书在版编目（CIP）数据

电动汽车彩色图解：结构 原理 保养 / 王恒编著.
— 北京：机械工业出版社，2020.4
（新能源汽车维修入门书系）
ISBN 978-7-111-65054-6

Ⅰ.①电… Ⅱ.①王… Ⅲ.①电动汽车 – 图解
Ⅳ.① U469.72-64

中国版本图书馆CIP数据核字（2020）第041611号

机械工业出版社（北京市百万庄大街22号 邮政编码100037）
策划编辑：母云红　　责任编辑：母云红　张亚秋
责任校对：陈　越　　责任印制：张　博
北京宝隆世纪印刷有限公司印刷

2020年5月第1版第1次印刷
184mm×260mm・9印张・193千字
0001—3000册
标准书号：ISBN 978-7-111-65054-6
定价：59.00元

电话服务　　　　　　　　　网络服务
客服电话：010-88361066　　机 工 官 网：www.cmpbook.com
　　　　　010-88379833　　机 工 官 博：weibo.com/cmp1952
　　　　　010-68326294　　金 书 网：www.golden-book.com
封底无防伪标均为盗版　　　机工教育服务网：www.cmpedu.com

Preface
前　言

　　为了更好地保护环境、节约能源、满足日益严格的环保法规，电动汽车在全球范围内发展迅速，世界各汽车厂商均推出了多款电动汽车车型，目前国内市场销售的自主、合资和进口品牌电动汽车均占有一定比例。

　　随着电动汽车市场占有率的增长，使用、保养与维修这类车型的人员规模也日益壮大，详细了解这类车型技术特点的需求也就迫切起来。目前市场上电动汽车技术类图书种类繁多，内容也比较详尽，但大多数图书的编写形式都以大量文字说明适当辅以图片为主，阅读起来略显费时费力，同时也需要阅读者有一定的理论功底。本书以图文对照的形式，直观且通俗地向读者介绍了电动汽车的构造、工作原理及高压安全防护与维护保养方法。本书采用了大量的高清彩色图片，辅以简练且有针对性的文字介绍，能够使读者阅读起来更便捷、检索相关知识更容易，符合现代读者碎片化的阅读习惯。

　　为了使读者更直观地了解进而理解电动汽车的结构原理及使用、保养方法，本书特别制作了10个动画视频，读者使用智能手机、平板计算机等终端设备扫描二维码即可观看。

　　本书既可以作为汽车爱好者了解电动汽车的科普书，也可以作为职业院校汽车类专业的教辅用书及汽车售后服务技术人员的自学用书。

　　由于编者水平有限，书中难免有疏漏之处，恳请广大读者提出宝贵意见。

作者

目　录

前　言

第一章　电动汽车的分类和特点　001

1.1　纯电动汽车 // 001

1.2　混合动力电动汽车 // 003

1.2.1　串联式混合动力电动汽车 // 005

1.2.2　并联式混合动力电动汽车 // 005

1.2.3　混联式混合动力电动汽车 // 006

1.2.4　增程式混合动力电动汽车 // 007

1.2.5　插电式混合动力电动汽车 // 008

1.3　燃料电池电动汽车 // 009

第二章　纯电动汽车结构原理　013

2.1　电驱动系统 // 013

2.1.1　电机 // 015

2.1.2　旋转变压器 // 026

2.1.3　电机控制器 // 028

2.1.4　温度传感器 // 030

2.1.5　减速器 // 032

2.1.6　电驱动系统的冷却 // 033

2.2　动力蓄电池及其管理系统 // 035

2.2.1　蓄电池基础知识 // 038

2.2.2　锂离子蓄电池 // 042

2.2.3　动力蓄电池的结构 // 047

2.2.4　动力蓄电池的能量储存单元 // 048
2.2.5　电压与温度采集 // 053
2.2.6　高压电输入输出控制 // 054
2.2.7　动力蓄电池热管理 // 057

2.3　充电系统 // 058
2.3.1　普通充电 // 059
2.3.2　快速充电 // 063

2.4　低压供电系统 // 065
2.4.1　工作过程 // 066
2.4.2　DC/DC 变换 // 066

2.5　空调系统 // 068
2.5.1　制冷 // 068
2.5.2　制热 // 072

2.6　整车控制系统 // 076
2.6.1　整车控制 // 076
2.6.2　驱动与能量回收控制 // 078
2.6.3　制动控制 // 082
2.6.4　故障监控 // 082
2.6.5　仪表指示灯 // 083

第三章　混合动力电动汽车结构原理　086

3.1　宝马 i3 增程版混合动力电动汽车 // 086
3.2　奥迪 Q5 混合动力电动汽车 // 089
3.2.1　结构 // 089
3.2.2　驱动模式 // 094
3.3　丰田混合动力电动汽车 // 097
3.3.1　结构 // 098
3.3.2　驱动模式 // 105

3.4 高尔夫 GTE 插电式混合动力电动汽车 // 114
   3.4.1 结构 // 114
   3.4.2 驱动模式 // 118

第四章 高压安全防护 123

4.1 人身高压安全防护 // 123
4.2 车间高压安全防护 // 124
   4.2.1 专用工位和急救人员 // 124
   4.2.2 绝缘工具 // 125
4.3 车辆高压安全防护 // 125
   4.3.1 危险警告标识 // 125
   4.3.2 高压电缆与插头 // 125
   4.3.3 维修开关 // 127
   4.3.4 高压电气绝缘 // 128
   4.3.5 高压互锁 // 129
   4.3.6 下电、验电流程 // 130

第五章 维护保养 131

5.1 检查绝缘 // 131
5.2 蓄电池均衡 // 133
5.3 测量等电位线 // 136

参考文献 // 138

Chapter One

第一章
电动汽车的分类和特点

电动汽车分为纯电动汽车、混合动力电动汽车、燃料电池电动汽车，如图 1-1 所示。

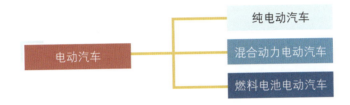

图 1-1　电动汽车的分类

1.1　纯电动汽车

GB/T 19596—2017《电动汽车术语》中对纯电动汽车 (Battery Electric Vehicle，BEV) 的解释如下：驱动能量完全由电能提供的、由电机驱动的汽车。电机的驱动电能来源于车载可充电储能系统或其他能量储存装置。大众 e-up 纯电动汽车如图 1-2 所示。

图 1-2　大众 e-up 纯电动汽车

奔驰 EQC 纯电动运动型多用途汽车（Sport Utility Vehicle，SUV）如图 1-3 所示。大众 e-Golf 纯电动汽车如图 1-4 所示。通用雪佛兰 Bolt 纯电动汽车如图 1-5 所示。奥迪 e-tron 纯电动 SUV 如图 1-6 所示。

图 1-3　奔驰 EQC 纯电动 SUV

大众 e-Golf
纯电动汽车

图 1-4　大众 e-Golf 纯电动汽车

雪佛兰 Bolt
纯电动汽车

图 1-5　通用雪佛兰 Bolt 纯电动汽车

图 1-6 奥迪 e-tron 纯电动 SUV

1.2 混合动力电动汽车

GB/T 19596—2017《电动汽车术语》中对混合动力电动汽车（Hybrid Electric Vehicle，HEV）的解释如下：能够至少从可消耗的燃料、可再充电能/能量储存装置两类车载储存的能量中获得动力的汽车。

我们通常所指的混合动力汽车为油电混合动力，即采用内燃机（柴油机或汽油机）和电机作为动力源的汽车。大众途观 GTE 混合动力电动汽车如图 1-7 所示。

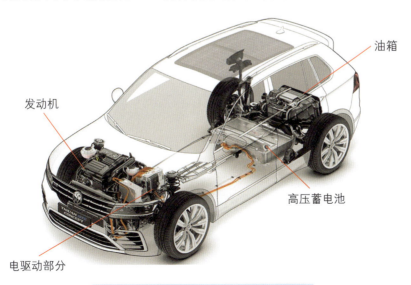

图 1-7 大众途观 GTE 混合动力电动汽车

1. 混合动力电动汽车的特点

1）由于车上配备了驱动电机，所以混合动力电动汽车的发动机可以从"节能、环保"的角度去设计制造，并且持续保持最佳的工况范围。

2）混合动力电动汽车的制动能量回收功能能够使车辆进一步降低排放、节约能源。

3）混合动力电动汽车在某些工况可关闭发动机，使电机独立工作，在此期间实现零排放。

4）驱动电机的转矩特性可以让车辆起步、加速更加顺畅，具有良好的操控性能。

5）混合动力电动汽车不需要驾驶人改变车辆使用习惯，也不需要改变汽车生产制造方式和能源体系。

2. 混合动力电动汽车的分类

GB/T 19596—2017《电动汽车术语》根据不同形式对混合动力电动汽车进行了分类。

其中按照动力系统的结构形式，混合动力电动汽车可分为串联式混合动力电动汽车、并联式混合动力电动汽车和混联式混合动力电动汽车，如图1-8所示。

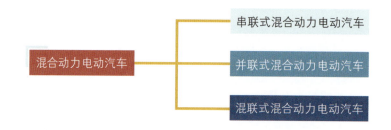

图1-8　按动力系统结构形式的混合动力电动汽车分类

按照是否具有可外接充电能力，可分为可外接充电式混合动力电动汽车和不可外接充电式混合动力电动汽车，如图1-9所示。插电式混合动力电动汽车属于可外接充电式混合动力电动汽车。

图1-9　按外接充电能力的混合动力电动汽车分类

此外还有增程式电动汽车。

1.2.1 串联式混合动力电动汽车

串联式混合动力系统主要由发动机、发电机、控制器、驱动电机和动力蓄电池等部件组成,车辆的行驶驱动力始终由驱动电机来提供。发动机不能直接驱动汽车,而是用来驱动发电机的。因此,发动机只需工作在具有最佳排放的工况即可,并不需要急加速、大负荷等工作状态。串联式混合动力电动汽车动力传递如图1-10所示。

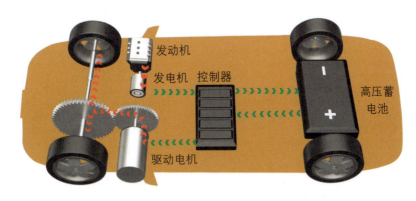

图1-10 串联式混合动力电动汽车动力传递示意图

1.2.2 并联式混合动力电动汽车

并联式混合动力系统主要由发动机、动力混合装置、具有驱动和发电功能的电机、控制器、变速器等部件组成。该系统可有三种工作模式:发动机驱动车辆、电机驱动车辆及发动机和电机共同驱动车辆。相对于串联式混合动力系统,并联式既可在起步、提速时充分发挥驱动电机的转矩特性,又可在高速时发挥内燃机持续高功率输出的特性。但是,并联式混合动力系统需要复杂的传动系统和动力混合装置,传动系统结构复杂。并联式混合动力电动汽车动力传递如图1-11所示。路虎揽胜混合动力电动汽车如图1-12所示。奥迪Q5混合动力电动汽车如图1-13所示。

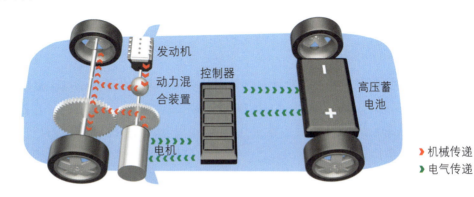

图1-11 并联式混合动力电动汽车动力传递示意图

图 1-12 路虎揽胜混合动力电动汽车

图 1-13 奥迪 Q5 混合动力电动汽车

1.2.3 混联式混合动力电动汽车

混联式混合动力系统同时兼顾了串联式混动和并联式混动的特点。该系统中的发动机和电机既能够分别单独驱动车辆，又能够共同参与驱动车辆。不仅如此，在行驶过程中，发动机还可驱动发电机，为动力蓄电池充电。混联式混合动力系统一般由发动机、两台电机（均具有驱动和发电功能）、电机控制器、动力混合装置、动力蓄电池等部件组成。混联式混合动力电动汽车动力传递如图 1-14 所示。丰田普锐斯混合动力电动汽车如图 1-15 所示。

第一章 电动汽车的分类和特点

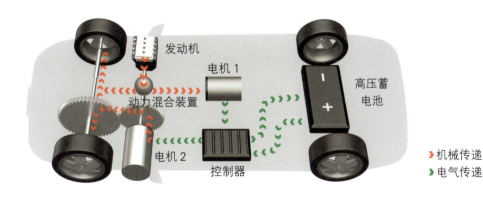

图 1-14 混联式混合动力电动汽车动力传递示意图

图 1-15 丰田普锐斯混合动力电动汽车

1.2.4 增程式混合动力电动汽车

增程式混合动力系统的结构和工作方式与串联式基本相同,但是其动力蓄电池的容量大幅增加,并且能够外接电网进行充电,性能特点已十分接近纯电动汽车;另外,还进一步优化了内燃机的排放与经济性能。

增程式混合动力电动汽车在动力蓄电池荷电状态(Stage-of-Charge,SOC)显示电量即将耗尽时启动增程器,可根据需要将电能输送给驱动电机或动力蓄电池,达到增加续驶里程的效果。图 1-16 为宝马 i3 增程式混合动力电动汽车。图 1-17 为雪佛兰沃兰达增程式混合动力电动汽车。

007

图 1-16 宝马 i3 增程式混合动力电动汽车

图 1-17 雪佛兰沃兰达增程式混合动力电动汽车

1.2.5 插电式混合动力电动汽车

插电式混合动力电动汽车（Plug-in Hybrid Electric Vehicle，PHEV）上配备的动力蓄电池容量比普通混合动力系统大一些，并且在车上配备了车载充电机，可以使用充电桩或家用电源进行充电。在一般情况下，插电式混合动力电动汽车使用纯电模式行驶，待动力蓄电池电量过低时，再以混合动力模式（内燃机为主）行驶，并适时向蓄电池充电。图 1-18 为三菱欧蓝德插电式混合动力电动汽车。

图 1-18 三菱欧蓝德插电式混合动力电动汽车

1.3 燃料电池电动汽车

燃料电池电动汽车（Fuel Cell Electric Vehicle，FCEV）是以燃料电池系统作为单一动力源或是以燃料电池系统与可充电储能系统作为混合动力源的电动汽车。燃料电池电动汽车分为燃料电池混合动力电动汽车和纯燃料电池电动汽车。

燃料电池中的"燃料"一般指的是氢气，它和空气中的氧通过催化剂的作用发生化学反应，从而能够产生电，而不是通过燃烧产生电。燃料电池产生的电能可以存储到高压蓄电池中，也可以直接驱动电机带动车辆行驶。奥迪 h-tron quattro（四驱）氢燃料电池电动汽车的外观和主要组成如图 1-19、图 1-20 所示。

图 1-19 奥迪 h-tron quattro（四驱）氢燃料电池电动汽车

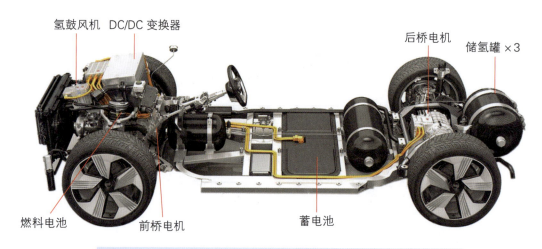

图 1-20 奥迪 h-tron quattro（四驱）氢燃料电池电动汽车的主要组成

氢燃料电池的内部结构如图 1-21 所示。其主要部件为两个电极，这种电极采用镀铂的碳纤维纳米管作为催化剂。另外还有一层特殊的薄膜。这种薄膜具有气密性，对电子不导电，对质子（不带电子的氢核）具有渗透性。氧气来自大气，不需要专门供给。

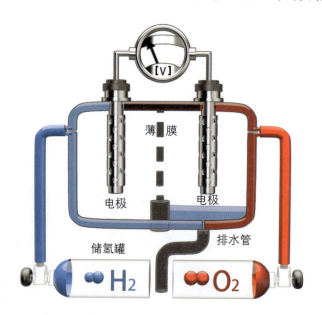

图 1-21 氢燃料电池内部结构示意图

氢气和氧气分别分配至正极和负极。氢气在催化剂的作用下释放两个电子并分裂成两个带正电的氢离子（质子）。氢离子能够穿过薄膜到达负极。而电子则只能通过外部电路到达负极，形成电流。

电子到达负极板后，与氧原子和氢离子重新结合生成水。由于氧可以直接从空气中获得，所以只需要不断地为正极供应氢，为负极供应新鲜空气，并及时把水（蒸气）排出即可。氢燃料电池工作原理如图1-22所示。

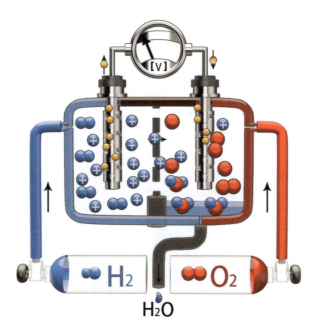

氢燃料电池工作原理

图1-22　氢燃料电池工作原理

丰田Mirai氢燃料电池电动汽车如图1-23所示。奔驰燃料电池汽车如图1-24所示。

图1-23　丰田Mirai氢燃料电池电动汽车

图 1-24 奔驰燃料电池电动汽车

Chapter Two

第二章
纯电动汽车结构原理

2.1 电驱动系统

纯电动汽车的电驱动系统主要由电机控制器、电机和齿轮箱（减/差速器）组成。车辆通过电机控制器控制电机来实现前进、倒车、加速和能量回收等功能。蔚来、特斯拉、零跑和大众 e-Golf 纯电动汽车电驱动系统分别如图 2-1~ 图 2-4 所示。

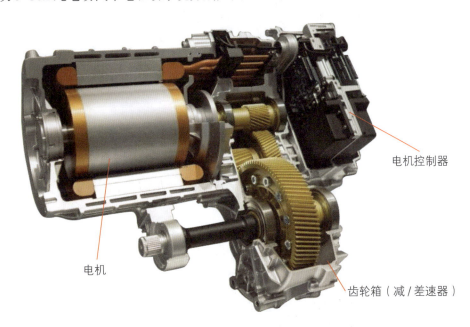

图 2-1 蔚来汽车电驱动系统

电机的安装位置一般与驱动轴平行。以占据市场较大比例的前驱车型为例，电机安装在前机舱内，并且在其上部安装了电机控制器。大众e-up纯电动汽车电机的安装位置如图2-5所示。

特斯拉汽车
结构原理

图 2-2　特斯拉汽车电驱动系统

图 2-3　零跑汽车电驱动系统总成外观

图 2-4　大众 e-Golf 电驱动系统总成外观

一些四驱车型配备了前、后两台电机,通过电机控制器对前、后轮的驱动比例进行控制,从而实现不同需求的驱动输出。蔚来四驱纯电动 SUV 前、后电机布置如图 2-6 所示。

图 2-5 大众 e-up 电驱动系统安装位置

图 2-6 蔚来四驱纯电动 SUV 前、后电机布置

2.1.1 电机

1. 电机的基本原理

(1) 什么是电机

电机泛指能使机械能转化为电能、电能转化为机械能的一切机器,特指发电机和电动机。

（2）电磁感应

将一根铁棍（导体）两端分别连接在导线上，使其成为一个闭合电路。再将这个导体置于磁场中，并在两极之间摆动，那么电流表的指针就会摆动，说明此时闭合电路中有电流。这是因为导体在磁场中切割了磁力线，如果导体的运动平行于磁力线方向，就不会有电流产生。

这种导体在磁场切割磁力线产生电流的现象，叫作电磁感应。流过导体的电流叫作感应电流，产生电流的电动势叫作感应电动势，如图2-7所示。

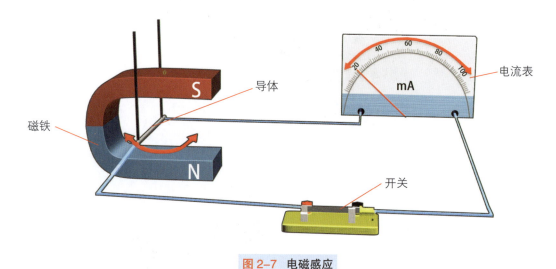

图2-7 电磁感应

如图2-8所示，如果用右手来表示磁场、电流和力的方向三者之间的关系，则食指指向为磁场 B 方向，中指指向为电流 I 方向，大拇指指向为力 F 的方向。此即为弗莱明右手定则。

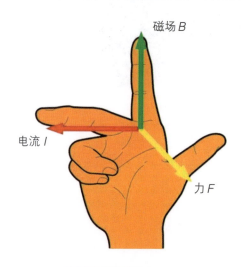

图2-8 弗莱明右手定则

（3）磁效应

如果导线中有电流，则在导线周围会产生磁场，并且磁场的方向与电流的方向有关。这种现象称为电流的磁效应，如图2-9所示。

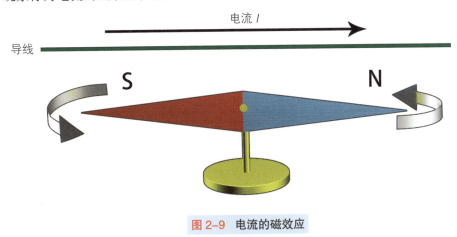

图2-9 电流的磁效应

直导线上流过电流产生的磁力线是以导线上的各点为圆心的同心圆，且在跟导线垂直的平面上，如图2-10所示。

如果右手握住导线，拇指伸直并于电流方向一致，此时弯曲的四指所指的方向就是磁力线环绕的方向，此即为安培定则（一），如图2-11所示。

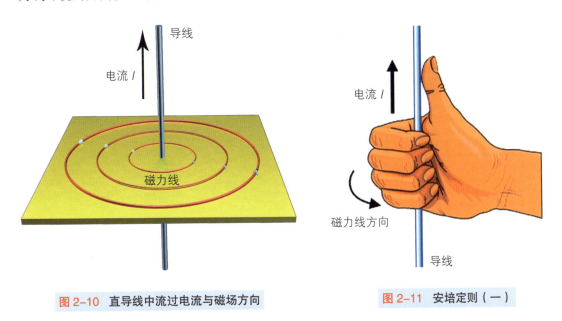

图2-10 直导线中流过电流与磁场方向　　图2-11 安培定则（一）

环形导线上流过电流产生的磁力线是一些绕环行导线的闭合曲线，在通电线圈的中心轴上，磁感线与通电线圈所在平面垂直，如图2-12所示。

如果使右手弯曲的四指与环形电流的方向一致，伸直的拇指所指的方向就是环形导线磁场的N极，此为安培定则（二），如图2-13所示。

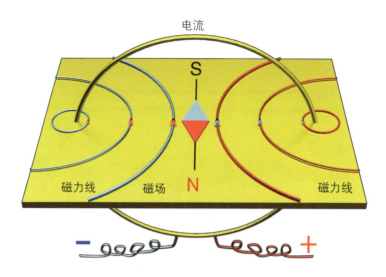

图 2-12 环形导线电流与磁场方向

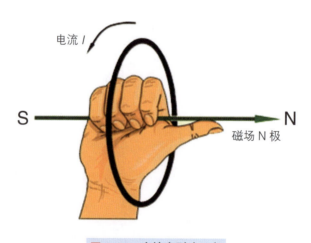

图 2-13 安培定则（二）

（4）交流发电机的工作原理

如果将导体置于磁场中使其运动，与导体连接的导线中便会产生电流。如果将导体制成线圈，那么产生的电流将会大幅增加。

此时使线圈不断在磁场中旋转，同时线圈两端的集电环各与一个电刷接触，而电刷则与导线连接，于是在导线上便产生了方向不断交替改变的电流，如图 2-14 所示。

另外，线圈在磁场中旋转产生的感应电流大小与线圈切割磁力线的方向有关，也就是说感应电流的大小与线圈在磁场中的旋转位置有关。因此，导线上的电流除了方向在改变，其大小也在改变，如图 2-15 所示。

图 2-14 交流发电机原理

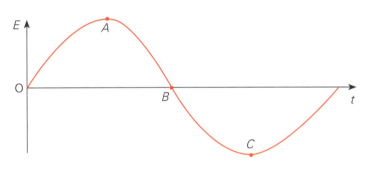

图 2-15 交流电动势

(5) 电机的工作原理

图 2-16 所示为最简单的直流电机模型,它的定子是两个静止的磁极 N 和 S;转子则是线圈 ab 和 cd,线圈的两端分别接到两个相互绝缘的圆弧形的换向器上。换向器与一对静止的电刷 B1 和 B2 接触,电刷 B1 接电源正极,电刷 B2 接电源负极。转子旋转时,转子线圈通过换向器和电刷与外电路接通。

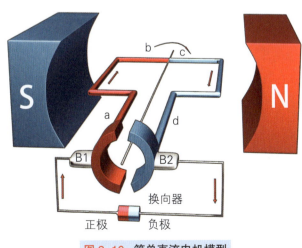

图 2-16 简单直流电机模型

电流并非直接接入线圈,而是通过电刷 B1、B2 和换向器接入线圈。因为电刷 B1 和 B2 静止不动,所以电流总是从正极性电刷 B1 流入,经过旋转的换向器片流入线圈 ab,再经过线圈 cd,从负极性电刷 B2 流出。因此,线圈 ab 和 cd 旋转而交替地处于 N、S 极时,线圈中的电流将随其所处磁极极性的改变而同时改变其方向,从而使电磁转矩始终保持不变,使电枢(线圈)向同一个方向旋转,这就是电机的工作原理,如图 2-17 所示。

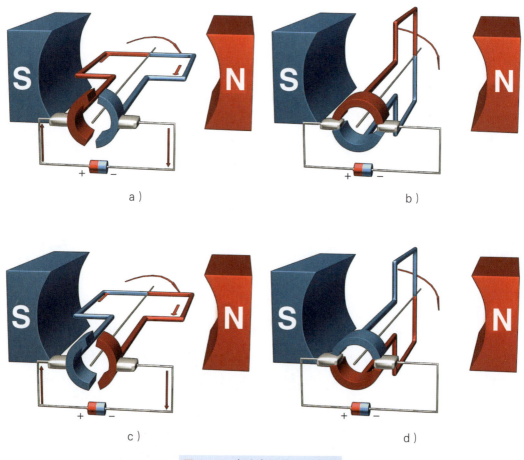

图 2-17 直流电机的工作原理

2. 电机的分类

按照电能来源的不同,电机可分为直流电机、交流电机和轮毂电机。直流电机分为自励直流电机和他励直流电机。交流电机又分为异步(感应)电机、同步电机、开关磁阻电机和永磁电机。而同步电机又分为永磁同步电机和励磁同步电机。目前符合国家相关标准要求的电动汽车多采用交流电机,且以永磁同步电机和异步(感应)电机为主。

按照有无电刷,电机的分类如图 2-18 所示。

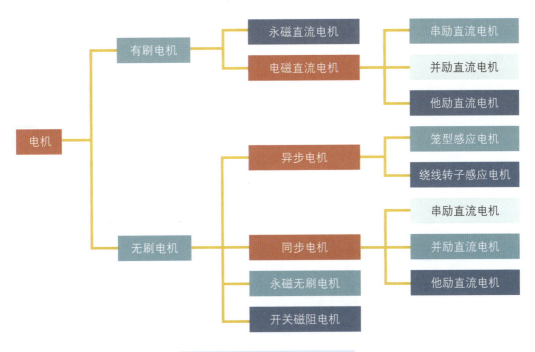

图 2-18 按有无电刷的电机分类

3. 异步（感应）电机

（1）结构

感应电机也称为异步电机，主要由定子、转子、轴承和外壳等组成，如图 2-19 所示。

图 2-19 异步（感应）电机的结构

感应电机的优点是成本低，结构简单，制造、使用、维修方便，运行可靠。缺点为电能损耗大、调速性差、功率因数不高等。

特斯拉和蔚来纯电动汽车的感应电机如图2-20、图2-21所示。

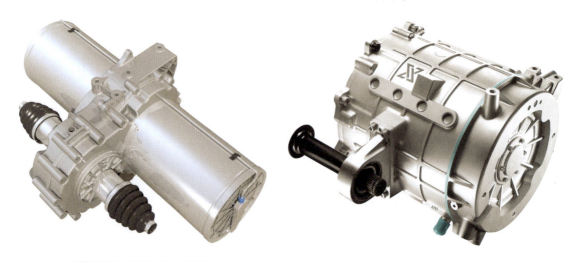

图2-20 特斯拉感应电机　　　　图2-21 蔚来ES6后驱所用感应电机

常见的异步电机的定子铁心由硅钢片叠合而成，线圈槽中嵌有三相对称的绕组，外接三相交流电源。转子也由硅钢片叠合而成，线圈槽中有导条，如图2-22所示。

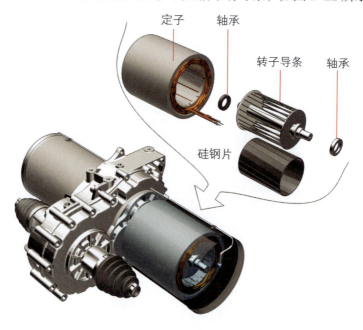

图2-22 特斯拉感应电机组成

（2）工作原理

感应电机的工作原理如图2-23所示。当定子的三相绕组顺序通入相同的电流时，在定子中便会产生旋转磁场。磁场的旋转等同于转子中的导条切割了磁力线，此时就会在转子导条中产生感应电流。于是，导条在磁场中产生电磁力并形成了电磁转矩。旋转磁场的转速 n_1 称为同步转速，转子沿磁场旋转方向以转速 n_2 旋转。

因为转子的导条必须产生感应电流才能具有电磁转矩，而产生感应电流又必须由导条切割旋转磁场的磁力线，所以转子的转速 n_2 只能小于同步转速 n_1，故而称这种电机为异步电机；又因为转子导条的电流是由旋转磁场感应而来，所以又称为感应电机。

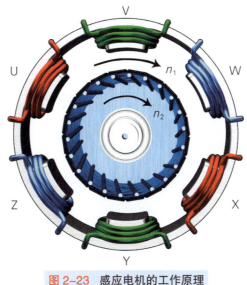

图 2-23　感应电机的工作原理

感应电机的工作原理

4. 永磁同步电机

(1) 结构

永磁同步电机具有结构简单、体积小、自重轻、损耗小、效率高等诸多特点，因此在电动汽车市场上得到了广泛应用。大众 e-up 和宝马 i3 纯电动汽车所使用的永磁同步电机分别如图 2-24、图 2-25 所示。

图 2-24　大众 e-up 永磁同步电机

图 2-25　宝马 i3 永磁同步电机

永磁同步电机也是由转子、定子及端盖等部件组成的，与感应电机最大的不同之处是其转子独特的结构——永磁同步电机的转子上配有高质量的永久磁铁。大众 e-up 纯电动汽车所使用的永磁同步电机分解图如图 2-26 所示。

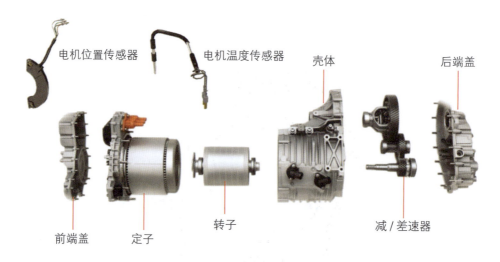

图 2-26　大众 e-up 永磁同步电机分解图

雪佛兰 Bolt 电机如图 2-27、图 2-28 所示。

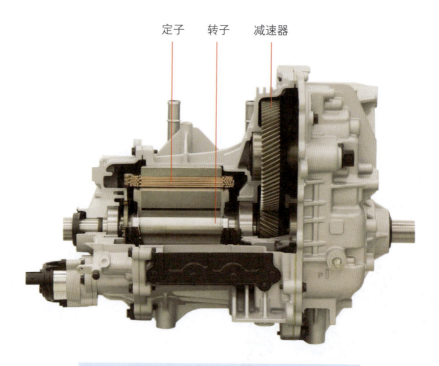

图 2-27　雪佛兰 Bolt 纯电动汽车永磁同步电机剖视图

图 2-28 雪佛兰 Bolt 纯电动汽车永磁同步电机外观

(2) 工作原理

"同步"意为转子的转速与定子绕组产生的磁场转速始终保持一致。

永磁同步电机的转子绕组中的电流不是由定子旋转磁场感应的,而是自己产生的,那么转子磁场与定子旋转磁场无关,而且其磁极方向是固定的,根据同性相斥、异性相吸原理,定子的旋转磁场就会拉动转子旋转,并且使转子磁场及转子与定子旋转磁场"同步"旋转。永磁同步电机工作原理如图 2-29 所示。

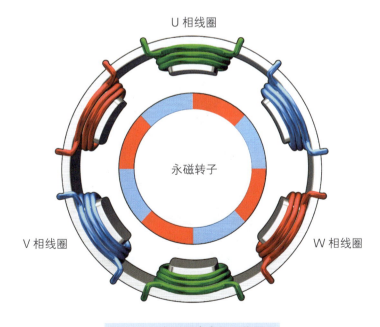

永磁同步电机
工作原理

图 2-29 永磁同步电机工作原理

2.1.2 旋转变压器

旋转变压器简称旋变，用于监测电机转子的位置和转速，将其发送给电机控制器。旋转变压器外观如图2-30所示。由于电机定子的旋转磁场转速与转子的转速必须实现"同步"，所以电机控制器需要对转子当前的转速、位置以及电枢的电流（由电流传感器采集）进行精确识别。再结合整车控制器发送来的转矩需求指令，就能够对驱动电机进行最佳控制。

图2-30 旋转变压器

旋转变压器同样具有转子和定子，定子上共有三个线圈，其组成如图2-31和图2-32所示。

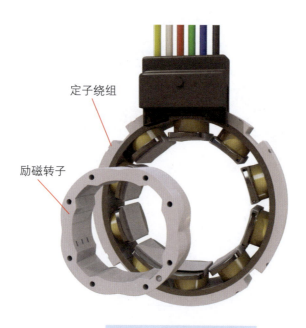

图2-31 旋转变压器的结构

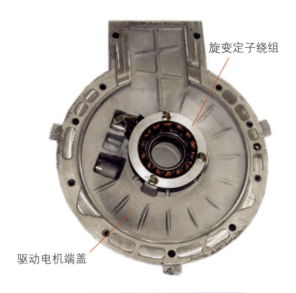

图 2-32 旋转变压器的安装位置

目前在电动汽车领域应用较多的为磁阻式旋转变压器。另外，还有其他方式用以检测转子的位置和转速，如使用光电式和霍尔式传感器。

在旋变的三个线圈中，其中一个为励磁线圈，该线圈在工作时会被持续施加电压。第二个是正弦线圈，第三个则是余弦线圈，正弦线圈与余弦线圈彼此相差 90° 电位角，并且这两个线圈产生的电压均为输出信号。转子被设计成多极形状，磁极的外形应符合能感应正弦信号的特殊要求。如果励磁线圈输入了感应电流，则正、余弦两个感应线圈将依据旋变转子和定子的位置关系，调制出具有正弦和余弦的输出信号。其工作原理如图 2-33 所示，旋变各线圈信号波形如图 2-34 所示。

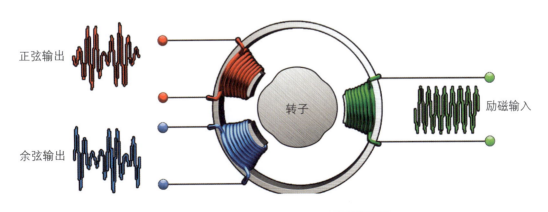

图 2-33 旋转变压器的工作原理

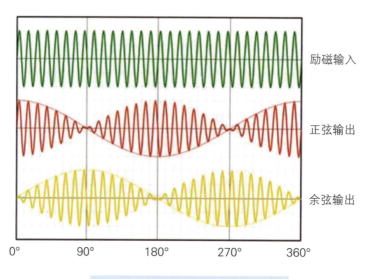

图 2-34 旋转变压器各线圈信号波形

2.1.3 电机控制器

1. 结构和功能

（1）结构

电机控制器也叫动力驱动单元、功率电子装置等。其功能是控制驱动电机实现正转、反转（倒车）、改变转速和停机。其内部一般由控制板、驱动模块（IGBT）、电流传感器和电容器等部件组成。电机控制器的基本组成如图 2-35 所示。

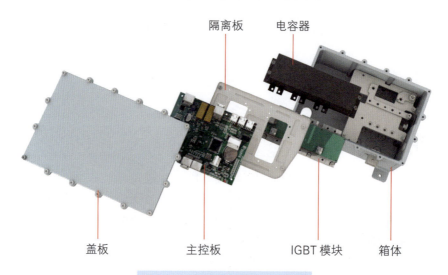

图 2-35 电机控制器的基本组成

某些车型的电机控制器中还集成了 DC/DC 变换器或车载充电机等相关部件。大众 e-up 纯电动汽车功率电子装置（电机控制器）如图 2-36 所示。宝马 i3 纯电动汽车的电机电子装置如图 2-37 所示。

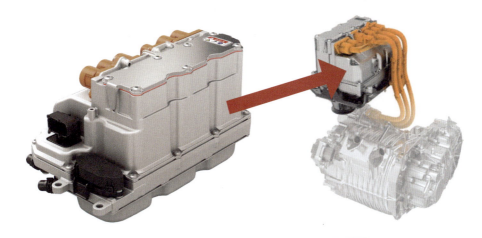

图 2-36　大众 e-up 纯电动汽车功率电子装置

图 2-37　宝马 i3 纯电动汽车的电机电子装置

（2）功能

电机控制原理如图 2-38 所示。整车控制器（Vehicle Control Unit，VCU）不断接收驾驶人意愿、动力蓄电池状态、空调状态等信号，结合自身存储数据，综合计算出最符合当前车辆需求的电机转矩信息，将其通过 CAN 总线传递给电机控制器，再由电机控制器结合旋变和电流信号控制电机实现加速、能量回收、倒车等功能。同时，驱动电机控制器将动力蓄电池提供的直流电转化为交流电，再输送给驱动电机。

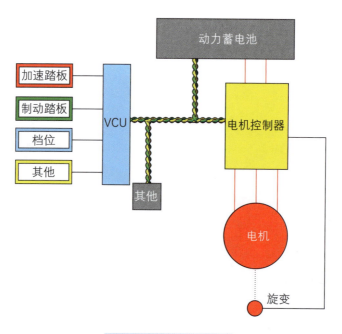

图 2-38 电机控制原理

电机控制器另一个重要功能是通信和保护，实时进行状态和故障检测，保护驱动电机系统和整车安全可靠运行。

2. IGBT

IGBT 是 Insulated Gate Bipolar Transistor 的首字母缩写，即绝缘栅双极型晶体管，是由双极型三极管（BJT）和绝缘栅型场效应管（MOS）组成的复合全控型电压驱动式功率半导体器件。

IGBT 模块是电驱动系统的控制中心，整体系统以 IGBT 模块为核心，辅以驱动集成电路、主控集成电路。IGBT 模块外观及工作原理如图 2-39 所示。

3. 控制原理

电机控制器接收到旋变和电流传感器的相关信号后，再结合 VCU 的电机转矩输出指令，控制驱动模块对 IGBT 的六个功率开关器件不断地两两交替工作，使电枢绕组依次馈电，从而在定子上产生旋转磁场，拖动电机转子旋转。同时，随着电机转子的转动，旋变和电流传感器又不断地传输相关信号，以实时改变电枢绕组的通电状态，使电机保持稳定运转，如图 2-40 所示。

2.1.4 温度传感器

温度传感器镶嵌在驱动电机定子绕组的内部，其功能是检测驱动电机绕组的温度，以便控制器可以保护驱动电机避免过热。

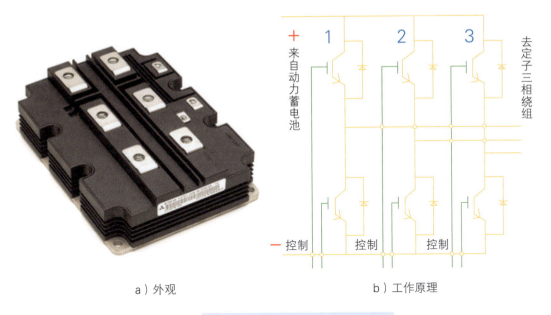

a）外观　　　　　　　　　　b）工作原理

图 2-39　IGBT 模块外观及工作原理

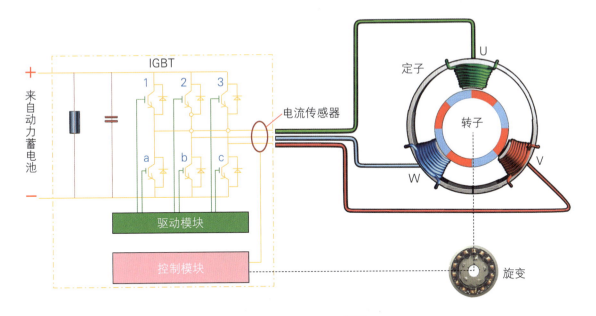

图 2-40　电机控制原理

电机控制原理

如果电机控制器监测到电机过热的信息,将会启动相关控制保护策略,轻微级别将会"限矩",严重级别将会停机保护。电机温度传感器如图2-41所示。

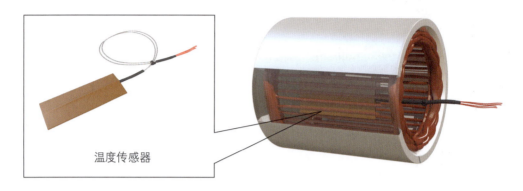

图2-41 电机温度传感器及其安装位置

2.1.5 减速器

由于驱动电机的转矩输出特性,纯电动汽车可不必配备复杂烦琐的变速器。目前市场上绝大部分纯电动汽车均配备了单速双级减速器,并且和差速器组装在一个齿轮箱中。电动汽车减速器如图2-42~图2-44所示。

图2-42 北汽电驱动系统的减速器

图 2-43 单速两级减速器

图 2-44 蔚来 ES8 纯电动 SUV 的减速器

2.1.6 电驱动系统的冷却

电机控制器和电机中的大功率部件在工作中会产生较多的热量,为了防止其出现过热现象,纯电动汽车的电驱动系统均配备了液冷式冷却系统。冷却系统的结构如图 2-45 所示。

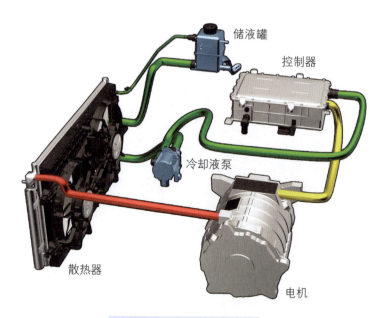

图 2-45 电驱动系统的冷却

控制单元会在工作中不断监控电机和电机控制器的温度，如果超过一定阈值，将会启动限功率的保护措施；如果超过极限值，则会启动停机保护措施。

一些车型电驱动的冷却系统还包括空调的取暖系统，也就是说，冷却和驾驶舱的取暖共同使用一套冷却液循环系统。图 2-46 所示为大众 e-Golf 纯电动汽车的冷却液循环系统。

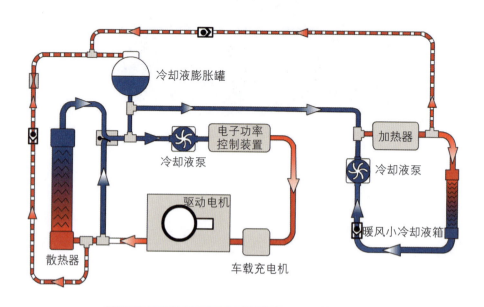

图 2-46 大众 e-Golf 纯电动汽车的冷却液循环系统

2.2 动力蓄电池及其管理系统

动力蓄电池是纯电动汽车中最重要的基础核心部件。可以说动力蓄电池技术的发展决定着纯电动汽车的未来。动力蓄电池的功能是为全车的高压部件如驱动电机和控制器、空调压缩机、PTC（Positive Temperature Coefficient 的缩写，即正温度系数）加热器等提供电能。同时也为各种常规的低压电气设备提供电源。动力蓄电池总成外观如图2-47所示。

图2-47 动力蓄电池总成外观

图2-48中分别为奔驰、宝马i3、上汽大众朗逸和日产聆风纯电动汽车动力蓄电池的布置。

a）奔驰

图2-48 各种纯电动汽车动力蓄电池的布置

b）宝马 i3

c）上汽大众朗逸

d）日产聆风

图 2-48　各种纯电动汽车动力蓄电池的布置（续）

大部分车型的动力蓄电池以平铺式安装在车辆的底部，这样可有效节省空间，并且能够降低车辆重心，增加行驶稳定性。也有一些车型的动力蓄电池安装在车辆后轴上方、后排座椅之后，如图 2-49 和图 2-50 所示。

图 2-49　动力蓄电池安装位置一

图 2-50　动力蓄电池安装位置二

动力蓄电池内部是由成百乃至上千枚电芯（又叫单体蓄电池）通过串联和并联组成的蓄电池模块组成，为了使这些电芯能够安全、高效地进行电能的输入和输出，需要对其进行有效管理。因此，可以将动力蓄电池包看作一个电子控制系统，称之为动力蓄电池管理系统（Battery Management System，BMS）。图 2-51 中所示分别为雪佛兰 Bolt、日产聆风、特斯拉和雪佛兰斯帕可纯电动汽车的动力蓄电池。

a）雪佛兰 Bolt　　　　　　　　　　　b）日产聆风

图 2-51　各种纯电动汽车用动力蓄电池

c)特斯拉

d)雪佛兰斯帕可(电动版)

图 2-51　各种纯电动汽车用动力蓄电池(续)

2.2.1　蓄电池基础知识

1. 金属的离子化倾向

如果将金属置于水溶液中,金属就会具有释放电子的性质。不同的金属释放电子的能力不同。金属在水溶液中失去电子变成金属离子的趋势,叫作金属的离子化倾向。金属元素根据这一化学属性按照所谓的电化学系列排列,可看出锂和锌很容易释放电子,这意味着它更容易氧化。铜在化学反应中则不会轻易释放电子,这意味着它相对较难氧化,如图 2-52 所示。

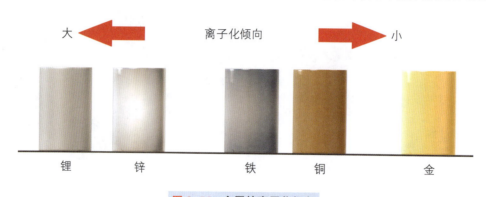

图 2-52　金属的离子化倾向

2. 原电池工作原理

如果把离子化倾向不同的两种金属同时放入电解液中，电子就会从离子化倾向大的金属移向离子化倾向小的金属。

1800 年，意大利物理学家伏特把金属条浸入强酸溶液中时，发现在两个金属条间产生了稳定而又强劲的电流。之后他又用不同的金属进行实验，最终发现铜和锌是最合适的金属，由此伏特电池（电堆）诞生，而伏特电池即为最早的原电池，其原理如图 2-53 所示。

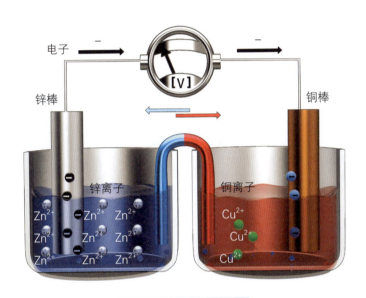

图 2-53 伏特电池原理

伏特电池的原理是：将锌板和铜板放在含有适当电解液的容器中，这两种金属则会以不同速度向电解液中释放离子，那么电子将留在各自的金属板上。在锌板附近，溶液中有很多带正电的锌离子，锌板上则留有许多电子。在铜板附近，溶液中仅有少量正极铜离子，铜板上也只有少量电子。此时，电解液中的离子会因不同的浓度而发生电荷交换。同时，由于锌板上聚集了过量电子，所以它将成为正极，而铜板则成为负极。如果使用导线连接两个电极，则电子会从正极流向负极。

3. 电池的分类

目前，生活中常见的电池可分为两大类：化学电池和物理电池。顾名思义，化学电池是利用化学反应产生电能，而物理电池则是利用物理能量产生电能。

化学电池还可分为三类：放电后不可再继续使用的一次电池，可多次充、放电的二次电池，以及供给可发生化学反应物质即可产生电能的燃料电池。

电池的分类见表2-1。

表2-1 电池的分类

电池性质		名称
化学电池	一次电池	锰干电池
		碱性电池
		氧化银电池
		水银电池
		锂电池
		空气电池
化学电池	二次电池	镍镉蓄电池
		铅酸蓄电池
		镍氢蓄电池
		锂离子蓄电池
物理电池	燃料电池	
	太阳能电池	
	热蓄电池	
	核蓄电池	

除少部分混合动力车型采用了镍氢蓄电池以外，其他大部分电动汽车均采用了锂离子蓄电池。

4. 蓄电池常用术语

（1）标称电压

标称电压由厂家指定的用以标识蓄电池的适宜的电压近似值。

（2）开路电压

蓄电池在开路条件下的端电压称为开路电压。蓄电池正、负极与电解质的材料不同，其开路电压也不同。两枚材料相同的蓄电池（如全部为磷酸铁锂），无论其体积差异和结构如何变化，它们的开路电压均相同。

（3）工作电压

工作电压是指蓄电池在工作状态下，即电路中有电流流过时，其正极与负极之间的电势差。在蓄电池放电时，电流流过蓄电池内部，其必须克服内阻的阻力，所以工作电压总是低于开路电压。

（4）充电截止电压

充电截止电压是指蓄电池正常充电时设定其允许达到的最高电压。如果在蓄电池已经达到充满电的状态后仍继续充电，即称之为过充电。过充电可能导致蓄电池内压升高、鼓包变形、漏液等情况，蓄电池的性能和寿命也会受到严重影响。

过充电的最直接表现是蓄电池发热明显，因为蓄电池在已经饱和的状态下继续充电，难以再提高其电压，反而会以热的形式进行释放。如果是锂离子蓄电池，过量的锂离子嵌入负极晶体内，会"撑坏"晶体架构，使蓄电池永久性损伤。

（5）放电截止电压

放电截止电压是指蓄电池正常放电时设定其允许达到的最低电压。以锂离子蓄电池为例，如果在低于放电截止电压后继续放电，此时蓄电池两端的电压会迅速下降，造成过放电，负极的碳晶体架构会塌落，导致极板上的活性物丧失功能。

表 2-2 为几种蓄电池的电压参数。

表 2-2 几种蓄电池的电压参数

蓄电池种类	开路电压	工作电压	充电截止电压	放电截止电压
铅酸蓄电池	2.1~2.2V	2.0V	2.3V	1.7V
镍镉蓄电池	1.4V	1.2V		1.0V
镍氢蓄电池	1.4V	1.2V		1.0V
锂离子蓄电池	4.1~4.2V	3.6~3.7V	4.2~4.3V	2.6~2.7V

（6）平台电压

蓄电池在恒电流充放电过程中，电压并不是不变的。在恒电流充电时，电压的变化为上升—平稳—上升。在恒电流放电时，电压的变化是下降—平稳—下降。可以看出，在恒电流充放电时，电压都有一个平稳的过程，而这一平稳值就是充放电平台，即平台电压。

（7）蓄电池容量

蓄电池容量是指完全充电的蓄电池在规定条件下所释放出的总容量，容量用 C 表示，单位用 A·h 或 mA·h 表示。

公式：$C=It$，即蓄电池容量（A·h）= 电流（A）× 放电时间（h）。

容量为 10A·h 的蓄电池，以 5A 放电可放 2h，以 10A 放电可放 1h。

（8）蓄电池能量

蓄电池能量指蓄电池在充满电的状态下储存能量的多少，用 W·h 来表示。

公式：能量（W·h）= 额定电压（V）× 容量（A·h）。

举例：3.2V、1.5A·h 单体蓄电池的能量为 4.8W·h，3.2V、100A·h 蓄电池组的能量为 320W·h。

（9）能量密度

能量密度指单位体积或单位质量所释放的能量，通常用体积能量密度（W·h/L）或质量能量密度（W·h/kg）表示。例如：一枚锂离子蓄电池重325g，额定电压为3.7V，容量为10A·h，则其能量密度约为114W·h/kg。表2-3为几种蓄电池能量密度的理论值，在实际应用情况中需要考虑蓄电池的具体结构等因素，如壳体、零件材料等。能量密度的大小是由材料密度的不同决定的。

表 2-3 几种蓄电池能量密度的理论值

能量密度	铅酸蓄电池	镍镉蓄电池	镍氢蓄电池	锂离子蓄电池
W·h/kg	30~50	50~60	60~70	130~150
W·h/L	50~80	130~150	190~200	350~400

（10）记忆效应

蓄电池经过若干次浅充浅放后，再进行深放电时，会出现明显的容量损失和放电电压下降的现象。如果再进行数次全充/放电循环，该蓄电池特性即可恢复。此为蓄电池的记忆效应。

（11）放电深度

放电深度是表示蓄电池放电状态的参数，等于实际放电容量与可用容量的百分比。

BMS能够对动力蓄电池的过压、欠压、过流、过高温和过低温进行保护，并且可以进行SOC估算和充、放电管理，还能够进行均衡控制和故障报警。

（12）循环寿命

循环寿命是在指定的充放电终止条件下，以特定的充放电制度进行充放电，动力蓄电池在不能满足寿命终止标准前所能进行的循环数。

2.2.2 锂离子蓄电池

使用锂离子嵌入的化合物为正极材料的蓄电池统称为锂离子蓄电池，该蓄电池自1991年问世至今，使用范围已非常广泛。手机、笔记本计算机等各种电子设备和绝大多数电动汽车均采用了锂离子蓄电池。

锂离子蓄电池的标称电压一般为3.7V，是镍氢蓄电池的3倍多；能量密度能达到镍氢蓄电池的两倍；并且不会发生记忆效应，也很少发生自放电现象。另外，作为二次蓄电池，锂离子蓄电池可快速充放电、效率高、寿命长。图2-54所示为各种形状的锂离子蓄电池。

图 2-54 各种形状的锂离子蓄电池

注意:"锂离子"蓄电池中并没有金属锂存在,只有锂离子。而"锂"电池为一次电池,其负极为金属锂。如果将"锂电池"当作二次电池使用,则其内部极易产生锂枝晶。该物质能够破坏正负极间的隔膜,从而发生因短路而造成的安全事故。所以,"锂离子蓄电池"和"锂电池"是两种不同的电池。图 2-55 为一次锂电池。

图 2-55 一次锂电池

1. 工作原理

锂离子蓄电池是指以锂离子嵌入化合物为正极材料蓄电池的总称,其负极大多为碳素材料。

锂离子蓄电池的充放电过程,就是锂离子的嵌入和脱嵌过程。在这个过程中,同时伴随着与锂离子等量电子的嵌入和脱嵌(习惯上正极用嵌入或脱嵌表示,而负极用插入或脱插表示)。在充放电过程中,锂离子在正、负极之间往返嵌入/脱嵌和插入/脱插,被形象地称为摇椅蓄电池。图 2-56 为锂离子蓄电池的工作原理。

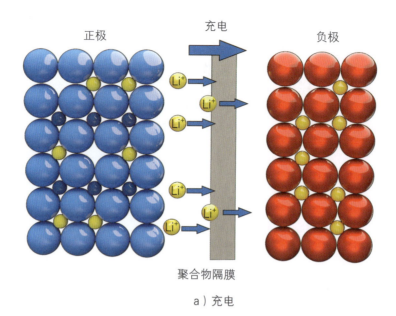

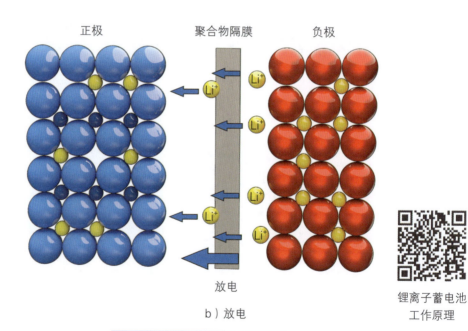

图 2-56 锂离子蓄电池工作原理

当对蓄电池进行充电时，蓄电池的正极上有锂离子生成，生成的锂离子经过电解液运动到负极。而作为负极的碳呈层状结构，它有很多微孔，达到负极的锂离子就嵌入到碳层的微孔中，嵌入的锂离子越多，充电容量越高。同样，当对蓄电池进行放电（使用蓄电池的过程）时，嵌在负极碳层中的锂离子脱出，又运动回正极。回正极的锂离子越多，放电容量越高。

2. 分类

通常使用正、负极材料的名称来称谓电芯（蓄电池），如磷酸铁锂蓄电池的正极采用橄榄石结构的磷酸铁锂，负极采用石墨；三元锂离子蓄电池的正极采用镍钴锰酸锂或者镍钴铝酸锂，负极采用石墨。

目前电动汽车市场上常见的锂离子蓄电池主要有磷酸铁锂蓄电池、钴酸锂蓄电池、镍钴锰酸锂（三元锂）蓄电池和钛酸锂蓄电池，其中更以磷酸铁锂蓄电池和三元锂蓄电池为主，如图 2-57 所示。

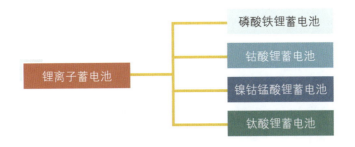

图 2-57 锂离子蓄电池的主要分类

3. 特点

表 2-4 说明了各种锂离子蓄电池的特点和主要参数对比，可看到镍钴锰酸锂（三元锂）蓄电池性能相对来讲较为优越。但是，目前动力蓄电池技术发展迅猛，其他类型的锂离子蓄电池也很有可能被研发成性能更加优越的动力蓄电池。

表 2-4 锂离子蓄电池的特点和主要参数对比

正极材料	能量密度/(W·h/kg)	平台电压/V	优点	缺点
磷酸铁锂（LFP）	150	3.3	价格低 无污染 安全性高 循环寿命长	能量密度低/容量低 低温性能差 电压平台太长太平，使得SOC估计变得异常困难
镍钴锰酸锂（NCM）	160	3.6	循环性能好 能量密度高 低温性能好 大倍率充电	钴价格昂贵
钴酸锂（LCO）	150	3.7	充放电稳定 生产工艺简单	钴价格昂贵 循环寿命较短
锰酸锂（LMO）	120	3.8	锰资源价格便宜 安全性能好	能量密度低 电解质相容性差

4. 磷酸铁锂蓄电池

目前市场应用的磷酸铁锂蓄电池的负极主要是碳（石墨），正极就是磷酸铁锂。在实际使用中，磷酸铁锂蓄电池具有很高的安全性，即使蓄电池内部受损，蓄电池也不会出现燃烧、爆炸等情况。另外，磷酸铁锂蓄电池的循环寿命能够达到2000次以上，并且无记忆效应。但是，磷酸铁锂蓄电池对于镍钴锰酸锂蓄电池来讲，其低温性能较差，需配备功能较强的热管理系统。

磷酸铁锂蓄电池在充电时，锂化合物中的锂离子通过隔板移动至负极碳晶材料的各个层间，形成充电电流。在放电时，负极碳晶材料各个层间的锂离子通过隔板再返回到锂化合物的正极材料中，形成放电电流，如图2-58所示。

5. 镍钴锰酸锂（三元锂）蓄电池

与磷酸铁锂蓄电池不同，三元锂蓄电池的标称电压为3.7V，这也就意味着在相同的体积或重量下，三元锂蓄电池的比能量、比功率更大，其能量密度可达200 W·h/kg。除此之外，在大倍率充电和耐低温性能等方面，三元锂蓄电池也有很大的优势。

但是相比较磷酸铁锂蓄电池，三元锂蓄电池的安全性和稳定性较差，如果内部短路或者正极材料遇水，会有明火产生。因此，三元锂蓄电池对蓄电池管理系统的要求更高一些。

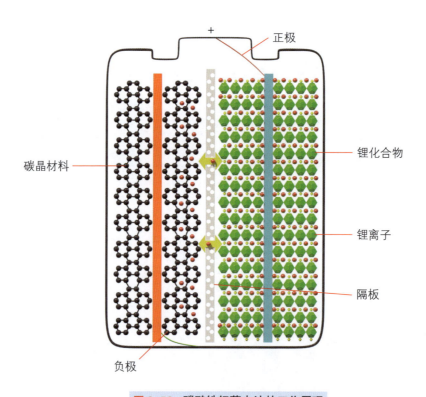

图2-58　磷酸铁锂蓄电池的工作原理

2.2.3 动力蓄电池的结构

纯电动汽车的动力蓄电池内部一般由蓄电池模块、BMS、维修开关（部分车型不配备）、输出控制盒、高压线缆、母线插座、温度控制装置和外壳等组成，如图 2-59 所示。

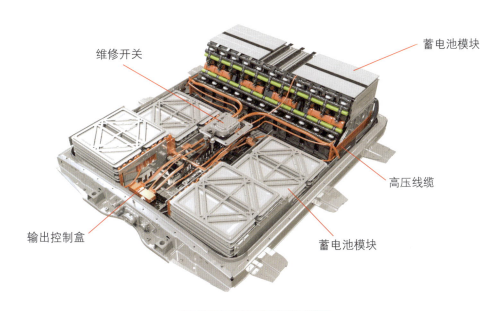

图 2-59 动力蓄电池的组成

图 2-60 和图 2-61 分别为雪佛兰 Bolt 和大众 e-Golf 动力蓄电池的结构。

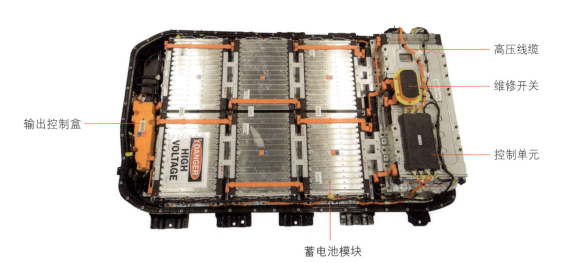

图 2-60 雪佛兰 Bolt 动力蓄电池的结构

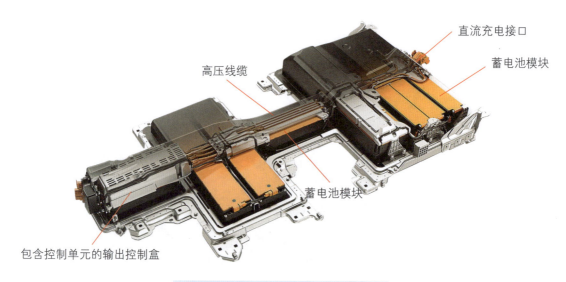

图 2-61　大众 e-Golf 动力蓄电池的结构

2.2.4　动力蓄电池的能量储存单元

1. 电芯

电芯是组成动力蓄电池的最小电量存储单元，也叫单体蓄电池，根据外形不同，电芯主要有软包电芯、圆柱形电芯和方形电芯。无论哪一种电芯，其内部均由正极、负极、电解质、隔膜和外壳等组成。

（1）圆柱形电芯

圆柱形锂离子蓄电池最早由日本索尼公司于 1992 年发明，由于问世时间较长，所以市场普及率高。这种蓄电池的制造工艺成熟，成本相对较低。但是由于其圆柱外形导致的空间利用率低，径向导热性能差，造成了卷绕圈数不能过多，所以单体容量较小。应用在电动汽车上时需要大量单体组成蓄电池组和蓄电池模块，连接损耗和管理复杂度都大大增加。圆柱形电芯外观和内部结构分别如图 2-62 和图 2-63 所示。

图 2-62　圆柱形电芯外观

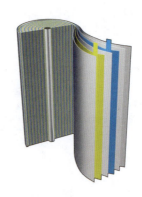

图 2-63　圆柱形电芯内部结构

圆柱形电芯有诸多型号，目前在电动汽车领域常见的有18650和21700型。以18650为例，其中18表示直径为18mm，65表示长度为65mm，0表示为圆柱形。在图2-64中，d表示直径。特斯拉的18650圆柱形电芯如图2-65所示。

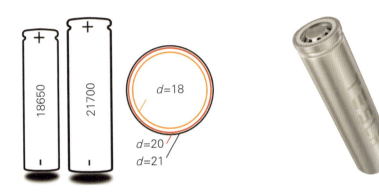

图2-64 18650和21700圆柱形电芯外观区别　　图2-65 特斯拉18650圆柱形电芯

（2）软包电芯

软包电芯的正、负极以及隔膜等主要材料与其他蓄电池基本相同，其不同之处在于其包装材料采用了铝塑复合膜，这是软包电芯中最关键、技术难度最高的材料。软包电芯外观和内部结构分别如图2-66和图2-67所示。

图2-66 软包电芯外观　　图2-67 软包电芯内部结构

软包电芯的特点：

1）安全性能好，软包电芯在结构上采用铝塑膜包装，发生安全问题时，软包电芯一般会鼓气裂开，不会爆炸。

2）重量轻，软包电芯重量较同等容量的其他锂离子蓄电池轻20%~40%。

3）由于其结构特性，软包电芯的内阻较小，可以极大地降低蓄电池的自耗电。

4）循环性能好，软包电芯的循环寿命更长，100次循环衰减比其他蓄电池少4%~7%。

5）设计灵活，外形可变任意形状，可以更薄，可根据客户的需求定制。

但是，软包蓄电池的一致性较差，成本较高，容易发生漏液，另外技术门槛也高。

目前，国际一流的著名蓄电池厂商均已大规模生产软包动力蓄电池，应用在日产、雪佛兰、福特等品牌的电动汽车上。图2-68为雪佛兰Bolt动力蓄电池的软包电芯。图2-69为日产聆风动力蓄电池的软包电芯。

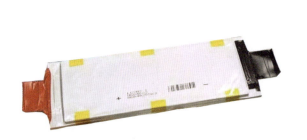

图2-68 雪佛兰Bolt动力蓄电池的软包电芯　　图2-69 日产聆风动力蓄电池的软包电芯

（3）方形电芯

方形电芯壳体多为铝合金、不锈钢等材料，内部采用卷绕式或叠片式工艺，对电芯的保护作用优于铝塑膜电芯（软包电芯）。方形电芯的结构较为简单，不需要采用像圆柱形电芯那样强度较高的不锈钢壳体和防爆安全阀等附件，因此整体重量较轻，能量密度就能相应提高。

但方形电芯在市场上的大小和型号繁多，其工艺很难统一。图2-70为方形电芯内部结构，图2-71为宝马i3方形电芯。

图2-70 方形电芯内部结构　　图2-71 宝马i3方形电芯

2. 蓄电池电芯组

所谓蓄电池电芯组是由不同数量的电芯并联而成的，可看作是电芯的上一级组合，如图 2-72 所示。

图 2-72　蓄电池电芯组

如果蓄电池电芯组中的电芯为并联，其总电压等于单个电芯的电压。

3. 蓄电池模块

蓄电池模块是将一个以上单体蓄电池按照串联、并联或串并联方式组合，并作为电源使用的组合体，也称作蓄电池组。

图 2-73 为日产聆风蓄电池模块组成示意图。其每一个模块由 4 片软包电芯组成。其中每两片电芯先并联，之后再串联（2P2S，其中 P 表示并联，S 表示串联）。

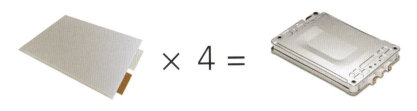

图 2-73　日产聆风纯电动汽车蓄电池模块组成示意图

日产聆风纯电动汽车蓄电池模块结构原理如图 2-74 所示。

部分品牌的动力蓄电池无此级别的排列，而是由电芯直接组成蓄电池组。

图 2-75 为特斯拉的蓄电池模块，该模块由 444 节 18650 圆柱形电芯组成。其中每 74 节并联成为一个蓄电池电芯组（图中红色虚线区域），然后 6 个蓄电池电芯组串联成为一个蓄电池模块（74P6S）。

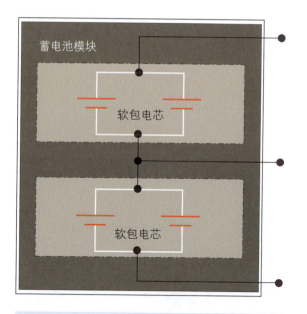

图 2-74 日产聆风纯电动汽车蓄电池模块结构原理

图 2-75 特斯拉蓄电池模块

图 2-76 为宝马 i3 的蓄电池模块,由 12 块方形电芯串联而成(1P12S)。

图 2-76 宝马 i3 蓄电池模块

为了能够达到纯电动汽车动力蓄电池的电压需求，通常是在蓄电池包内用导电条或高压线缆将若干模块串联起来，形成若干较大的模块，之后再串联，最终形成蓄电池包。

图 2-77 为日产聆风纯电动汽车的蓄电池包，其内部由 48 个蓄电池模块串联而成。其中每个蓄电池模块中的电芯为 2P2S 的组合方式。如果软包电芯的电压为 3.75V，则 2P2S 后的蓄电池模块电压为 7.5V，48 个蓄电池模块（蓄电池包）的电压为 360V。

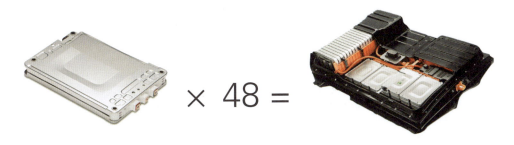

图 2-77 日产聆风蓄电池包中的蓄电池模块

2.2.5 电压与温度采集

BMS 电压采集线检测每一组单体蓄电池的电压状态，最终可计算出动力蓄电池的总电压，如图 2-78 所示。

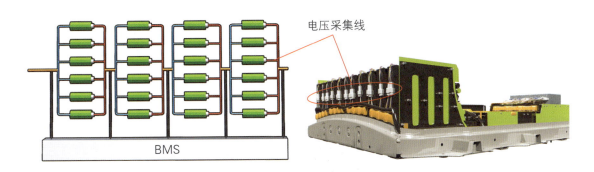

图 2-78 动力蓄电池电压采集

蓄电池温度传感器的作用是采集蓄电池组的温度信息，BMS 利用此信息对动力蓄电池的充放电进行控制。

蓄电池在充放电时会导致蓄电池自身发热，如果温度过高可能会导致车辆自燃的重大事故发生，所以必须对动力蓄电池温度进行监测。

根据需要蓄电池温度传感器可能有多个，分别监测不同蓄电池组的温度，如图 2-79 所示。

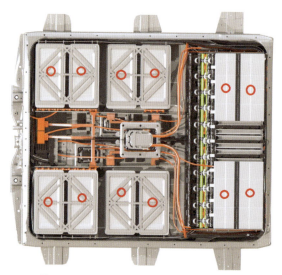

○ 温度传感器所处位置

图 2-79 动力蓄电池内部温度采集

2.2.6 高压电输入输出控制

纯电动汽车动力蓄电池包内配有一个输入、输出控制模块，通常英文缩写为 BDU。该控制模块中包含有总正继电器、总负继电器、预充继电器、预充电阻、电流传感器等部件。江淮 IEV 纯电动汽车和大众 e-Golf 纯电动汽车的输出控制盒如图 2-80、图 2-81 所示。

图 2-80 江淮 IEV 输出控制盒

图 2-81　大众 e-Golf 的动力蓄电池高压开关（控制）盒

1. 总正、总负继电器

总正、总负继电器分别控制着动力蓄电池正、负极母线，可看作是动力蓄电池电量输出、输入的"大门"。不同 BMS 和整车控制策略，其控制方式也不同。比如，有些动力蓄电池的总正、总负继电器均由 BMS 进行控制，有些则由 VCU 控制，还有些是分别控制——总正继电器由 BMS 控制，总负继电器由 VCU 控制。江淮和特斯拉纯电动汽车的高压继电器分别如图 2-82 和图 2-83 所示。

图 2-82　江淮 IEV 高压继电器

图 2-83　特斯拉高压继电器

无论哪种控制方式，BMS 或 VCU 均参考动力蓄电池温度、电流、电压、绝缘电阻、整车状态以及互锁连接等一系列数据进行综合判断，如果出现不正常甚至危险信号，则会立即断开该继电器，从而中断高压电输出或输入，如图 2-84 所示。

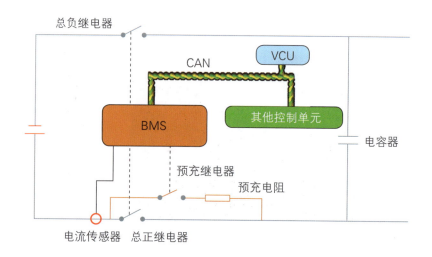

图 2-84　总正、总负和预充继电器控制过程示意图

2. 预充继电器和预充电阻

预充继电器与预充电阻（图 2-85）组成了预充电路，一般与总正继电器并联。电动汽车的很多高压电气设备为了在工作中维持较为稳定的电压，均配备了较大的电容。在车辆上电起动时，这些负载的电容内几乎不存在或只有很低的电压，而动力蓄电池的电压则在 300V 以上。此时接通回路的瞬间会产生很大的电流，从而导致总正、总负继电器烧蚀损坏，同时也会造成其他电器设备的损坏。

预充电路的作用就是在总正继电器闭合之前，先闭合预充继电器与总负继电器，通过预充电阻使较大的电流降低。系统监测到负载内电容的电压与动力蓄电池电压的差值小于规定值时，会控制总正继电器闭合，再断开预充继电器。

图 2-85　预充电阻

同样，在为动力蓄电池充电时，首先闭合预充继电器为电芯进行预充电，系统确认无短路后开始正式充电。

3. 电流传感器

动力蓄电池内配有电流传感器，用于监测动力蓄电池组的充、放电电流。如果 BMS 识别到过流情况，则会立即控制总正、总负继电器断开。目前比较常见的电流传感器为霍尔式电流传感器，如图 2-86 所示。

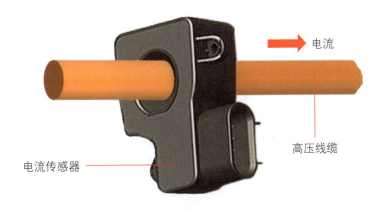

图 2-86　霍尔式电流传感器

2.2.7　动力蓄电池热管理

最适合锂离子蓄电池工作的温度在 15~35℃。如果温度过高或过低，都会严重影响其工作性能和寿命。因此，需要一套热管理系统将蓄电池的温度控制在合适的范围内。

另外，动力蓄电池内部诸多电芯的一致性非常重要，而影响其一致性最主要的因素就是温度的均衡。因此，蓄电池热管理系统还需令蓄电池包内各区域温度保持一致。

动力蓄电池的冷却方式有自然冷却、风冷、制冷剂冷却和液冷。图 2-87 为特斯拉动力蓄电池的液冷示意图。

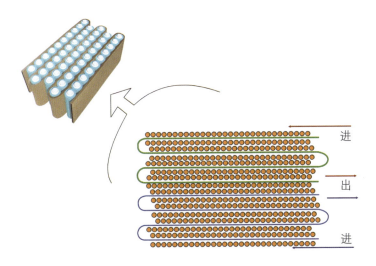

图 2-87　特斯拉动力蓄电池液冷示意图

动力蓄电池的加热方式主要采用加热膜的方式（低压），如图2-88所示。

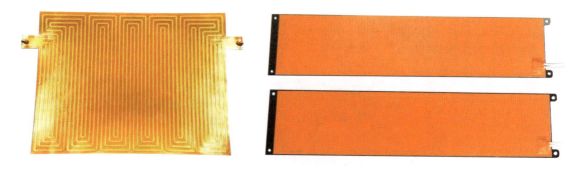

图2-88 动力蓄电池加热膜

随着"三电"（蓄电池、电机、电控）技术的发展，越来越多的纯电动汽车开始采用混合式热管理系统，即加热和冷却采用同一套冷却液管路。其中蓄电池的加热是通过PTC加热器或热泵系统将冷却液加热后，通过冷却液泵送进蓄电池包。冷却则是由与空调系统相连的冷却模块进行冷却，之后再通过冷却液泵送进蓄电池包，如图2-89所示。

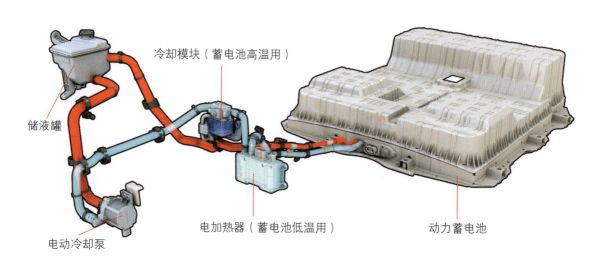

图2-89 动力蓄电池热管理系统

2.3 充电系统

目前市场上常见的纯电动汽车都具备普通充电和快速充电两种模式（个别品牌的低配车型除外），因此车上会配有两个充电接口。特斯拉充电接口如图2-90所示。

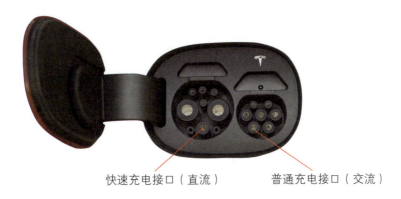

图 2-90 特斯拉充电接口

2.3.1 普通充电

普通充电又称慢充,是纯电动汽车的日常充电方式。它使用交流充电桩或其他满足 220V/50Hz 的交流电源进行充电。充电电源与车辆连接后,由车上的车载充电机将交流电转换为直流电为动力蓄电池充电。图 2-91 为普通充电示意图。

图 2-91 普通充电示意图

1. 充电接口

普通充电(慢充)的接口及其定义见表 2-5。

表 2-5 普通充电接口定义

端子名称	功能
CC	慢充连接确认线
CP	慢充控制确认线
L	交流电源
PE	车身接地
N	交流电源

2. 充电设施（设备）

纯电动汽车的普通充电可使用充电站内的公共充电桩（慢充桩）进行充电。同时，多数纯电动汽车厂商会随车附赠私人充电桩和充电电源线，以便车主随时在家为车辆充电，如图 2-92~图 2-95 所示。

图 2-92 国家电网交流充电桩

图 2-93 宝马私人充电桩

图 2-94 蔚来私人充电桩

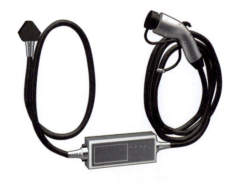

图 2-95 奥迪随车充电线

特斯拉充电连接如图 2-96、图 2-97 所示。

需要注意的是，如果采用家用电源进行充电，要确保电源插座的供电线路符合相关标准，要求长期负载电流为 16A，铜芯线径为 4mm^2，比如空调专用电源插座。

3. 车载充电机

车载充电机的功能是将外部电网的交流电转换为直流电，同时还能够按照整车控制器或动力蓄电池控制器的指令来控制充电电流。北汽 EV160 和特斯拉纯电动汽车的车载充电机分别如图 2-98、图 2-99 所示。

第二章 纯电动汽车结构原理

图 2-96 使用私人充电桩为特斯拉纯电动汽车充电

图 2-97 使用家用 220V 电源为特斯拉纯电动汽车充电

图 2-98 北汽 EV160 车载充电机

图 2-99 特斯拉车载充电机

061

大众 e-Golf 车载充电机的工作原理如图 2-100 所示。首先整流器将输入的交流电转换为直流电。之后再由功率调节器借助 100kHz 的脉冲频率将直流电调整为所需的电流强度。再由变压器按照规定的充电要求调整所需电压。最后再由整流器进行整流，经分电盒输出。

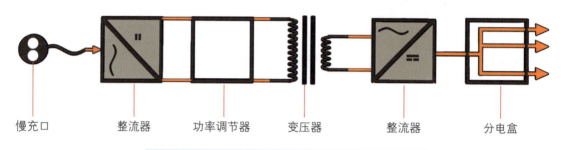

图 2-100　大众 e-Golf 车载充电机的工作原理示意图

4. 充电控制原理

操作人员将充电枪插到车上以后，充电装置和车载充电机分别通过各自的 CC 和 CP 信号线来判断是否正常连接。之后车载充电机同样通过 CP 来确认充电装置的最大供电能力，通过 CC 来确认充电线的负载能力。同时，BMS 和 VCU 也向总线发送整车状态和蓄电池状态，尤其是蓄电池当前的 SOC、温度、电压等信息。结合这些数据，最终计算出最佳充电需求信息，由 BMS 或 VCU 控制各个继电器按顺序闭合，由车载充电机实时控制充电，VCU 负责整体协调监控，充电开始。充电完成后，BMS 和 VCU 发送指令，车载充电机停止工作，总正、总负继电器断开，充电结束。普通充电控制原理如图 2-101 所示。

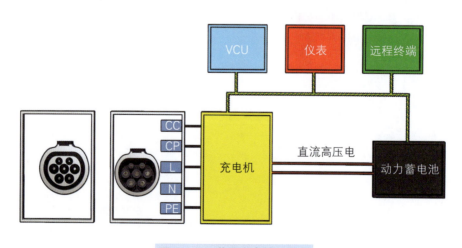

图 2-101　普通充电控制原理

2.3.2 快速充电

快速充电又称应急充电，这种充电模式一般可在几十分钟内（不同的车型，充电时间亦不相同）将电量充至80%以上。图2-102为快速充电示意图。

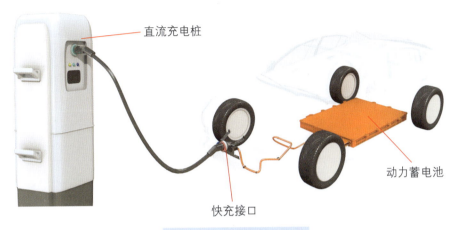

图2-102 快速充电示意图

1. 充电接口

快速充电的接口及其定义如图2-103和表2-6所示。

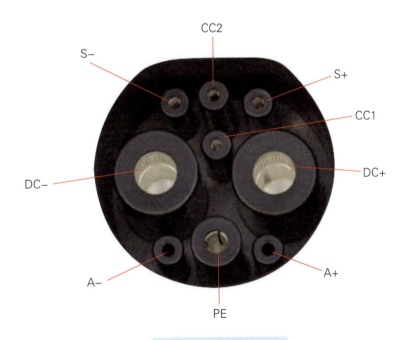

图2-103 快充接口端子

表 2-6 快充接口端子定义

端子名称	功能	
S-	充电通信	充电通信控制器局域网络
S+	充电通信	充电通信控制器局域网络
CC1	充电通信	充电桩检测快充接口与车辆连接状态识别信号
CC2	充电通信	VCU 检测快充接口与车辆连接状态识别信号
DC-	直流电源负	连接直流电源负与动力蓄电池负极
DC+	直流电源正	连接直流电源正与动力蓄电池正极
A-	低压辅助电源负	充电桩为电动汽车提供低压辅助电源负
A+	低压辅助电源正	充电桩为电动汽车提供低压辅助电源正
PE	保护接地	充电桩和车身地线

2. 充电设施

快速充电桩一般为公共设施，可输出 380V 直流电，直接供给动力蓄电池，如图 2-104 所示。图 2-105 为特斯拉的超级充电桩。

在纯电动汽车的日常使用中，尽量做到以普通充电为主，快速充电为辅。

图 2-104 国家电网快速充电桩　　图 2-105 特斯拉超级充电桩

3. 充电控制原理

快速充电控制原理如图 2-106 所示。快速充电桩和 VCU 通过 CC1 和 CC2 确认充电枪与车辆连接正常后，充电桩内的低压控制继电器闭合，同时充电桩输出 12V 唤醒电源到 VCU。之后 VCU 和充电桩互相通过控制器局域网络（Controller Area Network,CAN）总线输送充电需求信息和充电能力信息。再次确认后，VCU 或 BMS 控制动力蓄电池包内的各个高压继电器按照顺序闭合，同时快速充电桩内的高压继电器闭合。开始充电。

在充电过程中，充电桩和 VCU 通过 CAN 总线不断通信，实时交换整车、蓄电池信息和充电桩供电能力信息。

充电完成后，充电桩和 VCU 各自控制高压继电器断开，充电结束。

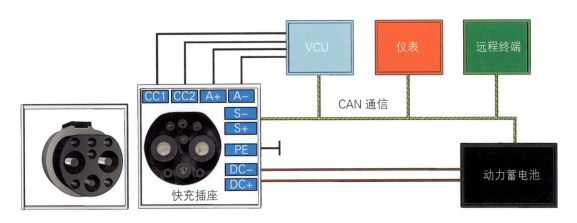

图 2-106 快速充电控制原理

2.4 低压供电系统

和传统燃油汽车一样，纯电动汽车也配有一块 12V 铅酸蓄电池，同时还配有 DC/DC 变换装置，DC 意为直流（Direct Current）。低压供电系统示意图如图 2-107 所示。

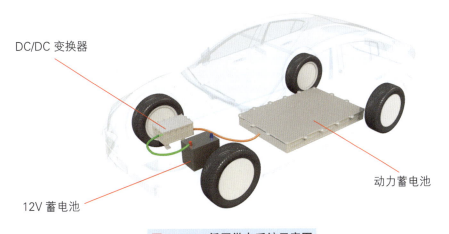

图 2-107 低压供电系统示意图

2.4.1 工作过程

电门开关在 ACC 或 OFF 档时，12V 蓄电池为全车低压电气设备（如危险警告灯、车内音响等）供电；电门开关在 ON 档时，动力蓄电池高压电输出给 DC/DC 变换器，此时由 DC/DC 变换器为全车用电器提供低压电源，在 12V 蓄电池电量不足时，还可为其充电。低压供电系统原理如图 2-108 所示。

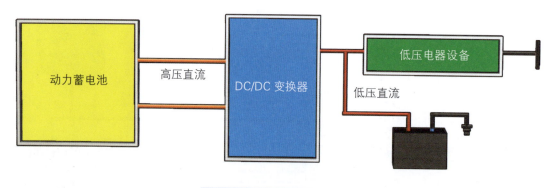

图 2-108　低压供电系统原理

2.4.2 DC/DC 变换

1. DC/DC 变换器

DC/DC 变换器是将某一直流输入电压转换成任意直流电压的变换器。DC/DC 变换器可分为三类：升压型、降压型以及升降压型。在纯电动汽车中使用的多为降压型 DC/DC 变换器。其作用是将动力蓄电池的直流高压电转换成 14V 左右的直流低压电，给全车低压电气设备供电，同时为低压蓄电池充电。图 2-109、图 2-110 分别为北汽 EV160 和特斯拉纯电动汽车的 DC/DC 变换器。

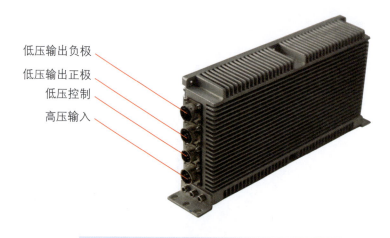

图 2-109　北汽 EV160 纯电动汽车 DC/DC 变换器

注意： 部分车型的 DC/DC 变换装置与车载充电机或电机控制器集成在一起。

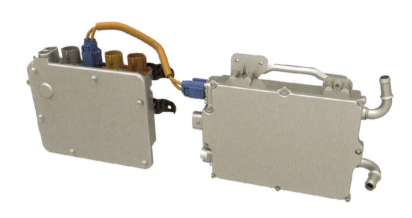

图 2-110　特斯拉的 DC/DC 变换器及其接线盒

2. 工作原理

DC/DC 变换器的工作原理如图 2-111 所示。其内部主要由滤波电路、逆变器、变压器和整流二极管等组成。动力蓄电池的高压直流电通过电感线圈缓冲后送给逆变器，DC/DC 控制器通过控制逆变器的 4 个晶闸管来使高压直流电变为高压交流电，之后高压交流电再通过不同匝数比的变压器降为低压交流电。低压交流电再经过整流二极管成为低压直流电，最后经过滤波输出。

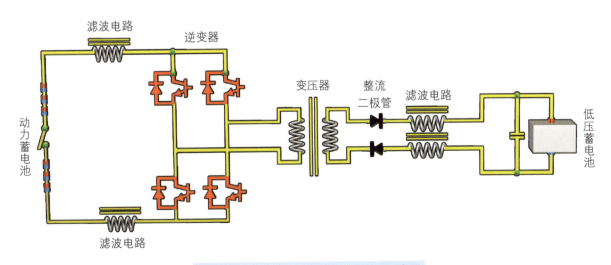

图 2-111　DC/DC 变换器的工作原理示意图

2.5 空调系统

纯电动汽车的空调制冷系统与传统燃油汽车基本相同，所不同的是空调压缩机的驱动方式，燃油汽车为发动机驱动，而纯电动汽车为高压电驱动。

在空调取暖方面，纯电动汽车根据其结构设计和成本控制等方面因素，会有不同的结构方式。如 PTC 干热式、PTC 湿热式、热泵式和热泵 +PTC 式等。

2.5.1 制冷

纯电动汽车空调制冷系统的组成原理与传统燃油汽车相同，均由空调压缩机、冷凝器、空调管路、膨胀阀、蒸发箱等部件组成。这些部件被钢管和高压橡胶管连接成一个密闭的系统，并且在管路内吸入制冷剂。在工作时，制冷剂会以不同的形态在系统内循环流动，如图 2-112 所示。

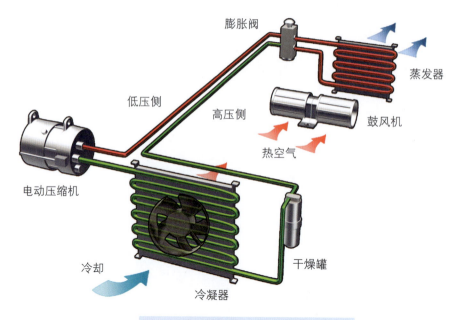

图 2-112 空调制冷系统组成及工作原理

空调制冷过程如图 2-113 所示共分为四个工作过程。

1. 压缩

压缩机将蒸发器出口处低温低压的气态制冷剂吸入并压缩，成为高温高压的气态制冷剂后排出。

2. 散热

高温高压的气态制冷剂进入冷凝器，此时制冷剂被冷凝成液体，并散出大量的热。

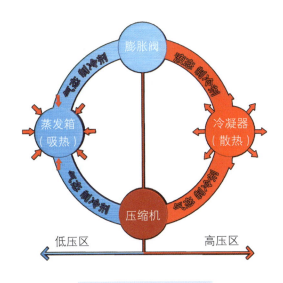

图 2-113 空调制冷过程

3. 节流

高温高压的液态制冷剂经过膨胀装置后体积变大,压力和温度急剧下降,以雾状(细小液滴)的形式被排出。

4. 吸热

雾状制冷剂液体进入蒸发器,因此时制冷剂的沸点远低于蒸发器内温度,所以液态制冷剂被蒸发成气体。在蒸发过程中,其不断吸收周围环境的热量,之后低温低压的气态制冷剂又被吸入压缩机,重复压缩过程。

与传统燃油汽车不同的是,电动汽车的压缩机由电力驱动,电源为动力蓄电池提供。电动压缩机如图 2-114 ~ 图 2-116 所示。

图 2-114 电动压缩机

图 2-115　特斯拉空调压缩机

图 2-116　大众 e-Golf 空调压缩机

　　涡旋式压缩机包括一个动涡盘和一个静涡盘，两个涡盘线形相同并相互叠合，相互错开 180°安装在一起。静涡盘固定在机架上，动涡盘则由电机直接驱动。在压缩机工作工程中，所有工作腔均由外向内逐渐变小且处于不同的压缩状态，从而保证压缩机能连续不断地吸气、压缩和排气。涡旋式压缩机内部主要结构和工作过程分别如图 2-117、图 2-118 所示。

　　图 2-119 为纯电动汽车空调制冷控制原理。驾驶人操控空调控制面板时，各种信号和车内外温度信号传递给空调控制器（部分车型无此控制器，由 VCU 直接控制）。空调控制器运算处理后，将压缩机运转的需求信息通过数据总线传递给 VCU，VCU 再结合 BMS 发送过来的 SOC、蓄电池温度等信息，综合计算出一个最佳的压缩机运转数据，并将其传递给压缩机控制器，从而控制压缩机进行工作。

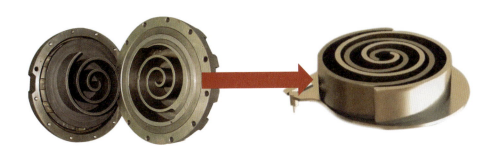

图 2-117　涡旋式压缩机内部

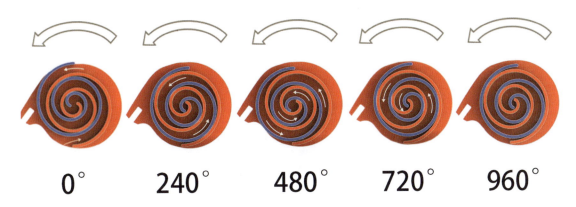

图 2-118　涡旋式压缩机工作过程

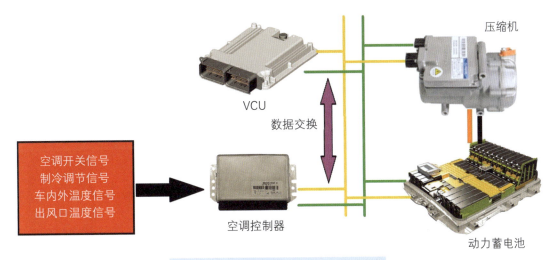

图 2-119　纯电动汽车空调制冷控制原理

纯电动汽车的压缩机为三相交流电机驱动，其总成内继承了带有逆变功能的控制器。动力蓄电池为其提供高压直流电，控制器将其转换成三相交流电驱动电机运转。控制器还可根据需求改变电机转速，从而控制制冷量的大小。

2.5.2 制热

在空调取暖方面,纯电动汽车根据其结构设计和成本控制等方面因素,会有不同的制热方式,如 PTC 式、热泵式等。

1. PTC 加热式

PTC 加热器就是正温度系数热敏电阻。纯电动汽车即利用了 PTC 生热的原理进行取暖。其原理与电加热丝类似,是让电流流过电阻产生热量,唯一的区别是 PTC 与电热丝的电阻材料不同。纯电动汽车上使用的 PTC 是一种半导体热敏电阻。PTC 加热器如图 2-120 所示。

图 2-120 PTC 加热器

纯电动汽车的 PTC 干式取暖原理如图 2-121 所示。

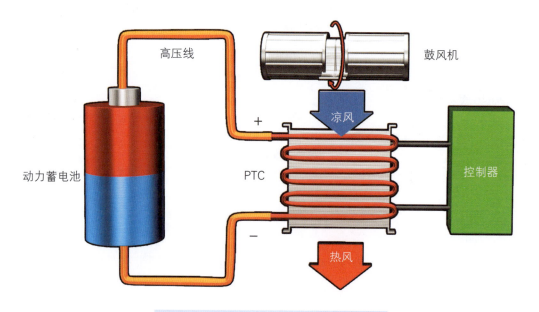

图 2-121 纯电动汽车的 PTC 干式取暖原理

蔚来ES8和特斯拉纯电动汽车的PTC加热器如图2-122、图2-123所示。

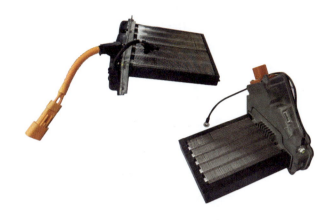

图2-122 蔚来PTC

图2-123 特斯拉PTC

纯电动汽车的制热系统可由多个PTC加热器配合工作，并且由温度传感器进行实时监控。当加热需求较低时，控制器只需接通一个PTC加热器。而当加热需求较高时，控制器会将PTC加热器全部接通，如图2-124所示。

PTC加热器的阻值会随着温度的升高而增大，同时，由一个温度传感器监测其工作温度，当温度超过系统设定温度上限时，PTC停止工作。

空调制热控制原理与制冷控制原理类似，PTC加热器由空调控制器控制（部分车型无此控制器，由VCU直接控制）。空调控制器通过接收多个传感器信号和整车系统的状态来决定PTC加热器该如何工作。

当PTC控制器接收到以下信号时会停止工作：

1）PTC工作电流过大。

2）PTC控制器温度过高。

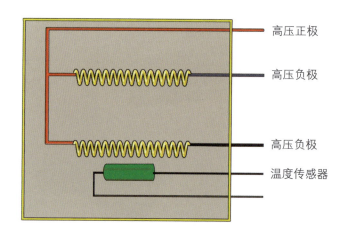

图 2-124 PTC 加热控制原理

3）PTC 工作电压过高或过低。

4）PTC 温度过高。

5）室内环境温度过高。

6）车辆急加速。

7）动力蓄电池电量不足。

部分车型采用 PTC 对冷却液进行加热的方式，其可通过水暖加热器进行实现。首先将冷却液进行加热，之后通过冷却液泵和冷却液管输送至暖风水箱，再由鼓风机进行热量传播。图 2-125 是大众 e-Golf 电加热器总成。

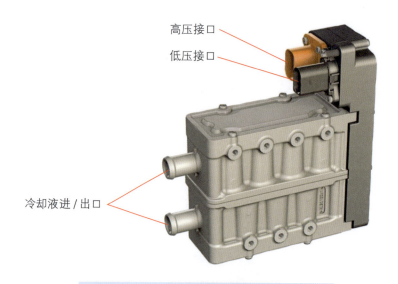

图 2-125 大众 e-Golf 纯电动汽车电加热器总成

这种加热方式还可对蓄电池热管理系统进行整合，不仅可以对空调系统进行加热，还可对动力蓄电池进行直接或间接的温度管理，如图 2-126 所示。

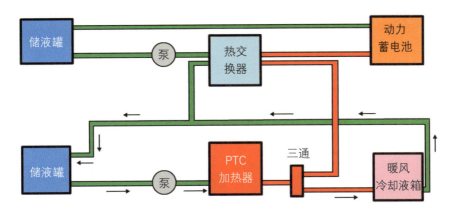

图 2-126　冷却液加热方式的结构原理

由于 PTC 加热器具有结构简单、成本低、制热快等特点，目前已被纯电动汽车广泛采用。但是 PTC 加热器的耗电量非常大，对纯电动汽车的续驶里程有很大影响。

目前越来越多的纯电动汽车为了降低空调加热系统对续驶里程的影响，采用了热泵式加热。

2. 热泵式

众所周知，空调制冷的原理实际上是通过制冷剂不断的循环，将驾驶舱内的热量"搬运"至车外，即通过蒸发器进行吸热，再通过冷凝器进行散热，从而使车内的温度降低。而热泵式加热与制冷则相反，是通过制冷剂将车外的热量"搬运"至车内进行取暖，即通过蒸发器进行吸热，再通过热泵交换器进行散热，从而使车内温度升高。热泵原理如图 2-127 所示。

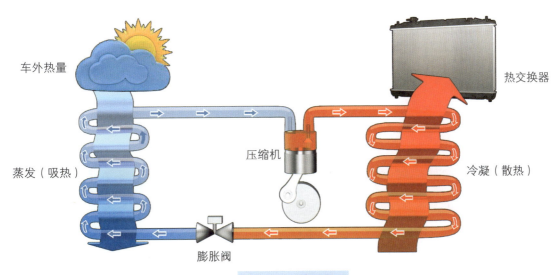

图 2-127　热泵原理

采用热泵式空调加热系统的纯电动汽车可大幅减少电量损耗，增加续驶里程。但是，由于其原理是将车外的热量"搬至"车内，所以该系统在寒冷地区的效率不高。另外，有些车型为保证空调制热的可靠性，在使用热泵取暖的基础上，依然保留了PTC加热器。图2-128为宝马i3纯电动汽车的热泵系统结构。

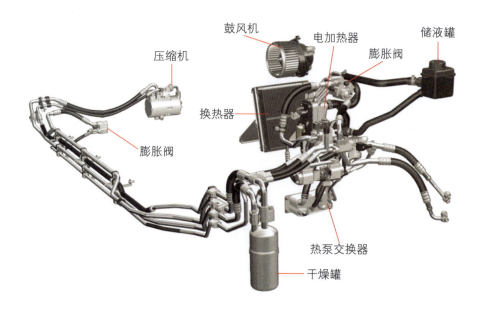

图2-128　宝马i3纯电动汽车的热泵系统结构

2.6　整车控制系统

2.6.1　整车控制

纯电动汽车中配备了大量的电子控制系统，比如动力蓄电池管理系统、驱动电机控制系统等。而整车控制系统则是这些电子控制系统的"核心管理者"，如图2-129所示。

图2-129　整车控制

在纯电动汽车中，可以将整车看作一个综合的电子控制系统，它包含了驱动电机控制系统、动力蓄电池管理系统、充电系统、空调系统等。这些电子控制系统均配备了独立的电子控制单元，但是又统一由整车控制系统进行管理、协调，如图2-130所示。

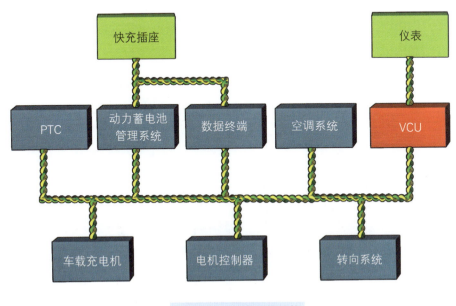

图 2-130 整车网络结构

整车控制系统的核心为整车控制器（VCU）。大部分车型有单独的控制模块（整车控制器），少部分车型将其集中在前机舱内的主要电气箱内。独立的整车控制器如图2-131所示。

图 2-131 整车控制器

2.6.2 驱动与能量回收控制

1. 驱动

整车驱动与能量回收控制原理如图 2-132 所示。VCU 不断采集驾驶人需求信号，如加速踏板位置、制动踏板位置、档位等，再结合通过 CAN 总线传来的其他控制单元的信号，如转向角度、空调等，最终计算出最佳驱动转矩信息，并将其传递给电机控制器，电机控制器接收到此信息后，再结合电机的转速和位置等信号对驱动电机进行最终控制。

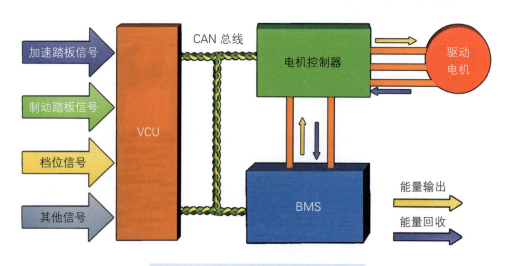

图 2-132 整车驱动与能量回收控制原理

由于锂离子蓄电池在充、放电的过程中要对其进行严格监控和管理，尤其是车辆在行驶过程中，要避免其出现过放电和温度异常等情况，所以 VCU 还会根据环境温度以及 BMS 发送到 CAN 总线上的蓄电池温度、SOC 等信号，计算出最佳的能量输出信息传送给电机控制器，从而实现动力蓄电池的能量最优输出控制。

2. 能量回收

在车辆滑行或制动时，驱动电机变成发电机，由车轮、差/减速器带动而产生三相交流电，经电机控制器整流后输送给动力蓄电池进行充电。制动能量回收示意图如图 2-133 所示。

VCU 接收到加速踏板状态、制动踏板状态和能量回收开关等驾驶人需求信号，再结合车辆当前的状态，如环境温度、动力蓄电池相关信息等，判断当前能量回收的条件，并计算能量回收的大小，通过 CAN 总线指令电机控制器，要求其切换到发电模式。同时，电机发电模式产生电制动力，通过传动系统和驱动轮，对整车产生制动作用。

3. 加速踏板位置传感器

加速踏板位置传感器安装在加速踏板顶部，与加速踏板联动。其作用主要是向整车控

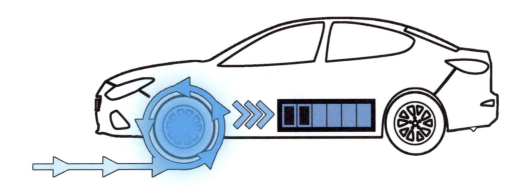

图 2-133 制动能量回收示意图

制单元（VCU）反馈加速踏板所处的位置，实现不同的控制模式。另外还可感知加速踏板变化的快慢，从而实现加速和减速控制。

常见的加速踏板位置传感器主要有电位计式和霍尔式。

（1）电位计式

电位计式传感器的工作原理：通过电位计滑动改变阻值，从而能够测量出踏板位置与输出电压的线性关系。其结构原理如图 2-134 所示。

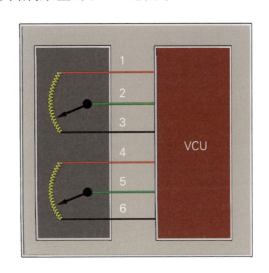

图 2-134 电位计式加速踏板原理

（2）霍尔式

1）霍尔效应。首先在一枚金属制成的薄板状长方体上通电，之后在与电流垂直的两面加以磁场，那么最终会在电流和磁场垂直的两面产生一个感应电动势。这种现象称为霍尔效应，产生的电压称为霍尔电压，如图 2-135 所示。

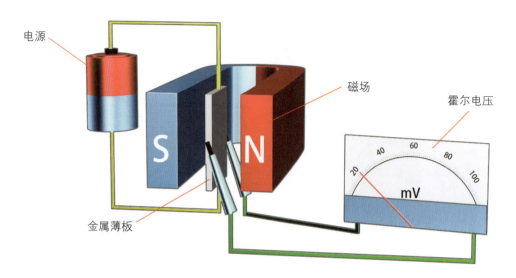

图 2-135 霍尔效应

如果将金属薄板换成锗、硅等半导体，霍尔效应会显著提升，这种元件称为霍尔元件，如图 2-136 所示。

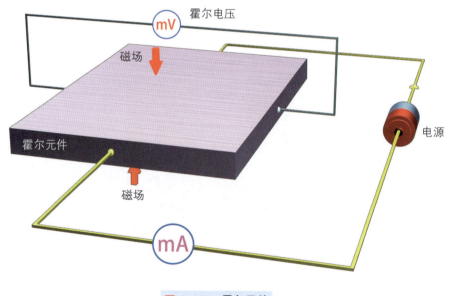

图 2-136 霍尔元件

在电动汽车及传统燃油汽车中，诸多传感器均采用霍尔元件，如加速踏板位置传感器、转速传感器、电流传感器等。

2）霍尔式加速踏板位置传感器的结构原理。霍尔式加速踏板位置传感器由磁铁和霍尔 IC 芯片组成，其中霍尔 IC 芯片为固定，两个磁铁随加速踏板一起运动，这样即可改变磁场强度大小，从而影响霍尔电压的输出大小。工作原理如图 2-137 所示。

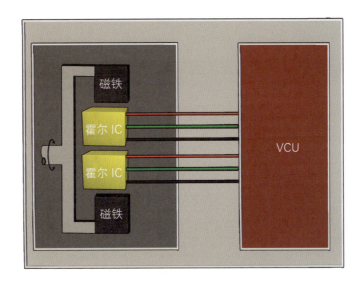

图 2-137 霍尔式加速踏板位置传感器工作原理

从图 2-137 中可以看到，无论哪种加速踏板位置传感器，均配备了两个霍尔芯片，这是采用了冗余设计，VCU 可快速识别、对比两个传感器是否正常。

4. 电子换档杆（按钮）

纯电动汽车大多配备了电子换档杆，其内部集成的档位传感器能够向 VCU 传递驾驶人当前需要的档位信息，VCU 接收到此信息后，再结合加速踏板位置、制动等信息计算出控制驱动电机的最佳指令，通过 CAN 总线传递给电机控制器。一般纯电动汽车有前进档、倒档和空档。另外，在换档杆上还有调节制动能量回收程度大小的按钮。北汽纯电动汽车电子换档旋钮如图 2-138 所示。

图 2-138 北汽纯电动汽车电子换档旋钮

2.6.3 制动控制

纯电动汽车的制动系统采用真空助力式，其真空负压来自受控制单元控制的真空泵。该真空泵通过真空管与一个真空罐相连，在真空罐上安装有真空压力传感器。在车辆工作时，真空罐内须保持一定的负压，以备随时制动所需。如果罐内负压不足，真空压力传感器将此信号传递给控制单元，控制单元接通真空泵控制电路使其开始抽吸，降低罐内压力。当真空压力传感器感知到罐内负压已符合要求，则告知控制单元，控制单元断开控制电路，真空泵停止工作。具体工作原理如图 2-139 所示。

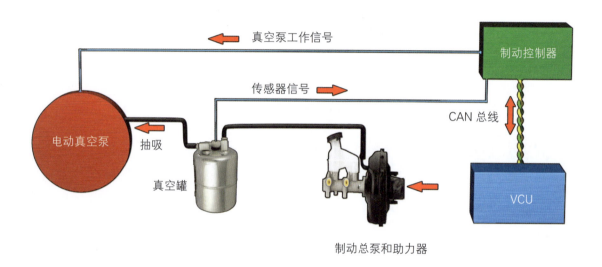

图 2-139 整车控制制动系统原理

真空泵的控制目前有两种：由 VCU 直接控制的方式和单独的控制器控制的方式。如果为单独控制器控制，则该控制器通过数据总线与 VCU 连接，实现 VCU 的整体决策控制。

2.6.4 故障监控

在车辆运行时，VCU 和各系统控制单元不断监控整车控制系统工作是否正常。如果出现故障或任何不正常的信号，VCU 会立即结合内部存储器中的数据进行评估、判断，从而采取不同的故障级别措施。

整车故障监控级别的编制，应从安全角度出发，按照故障可能引起后果的严重程度不同，可分为四个级别，见表 2-7。

表 2-7 故障级别

故障等级	故障名称	故障处理	故障原因
一级	致命故障	紧急断开高压	整车控制器故障、高压线过压、BMS 控制故障、驱动电机控制器故障等
二级	严重故障	零转矩	驱动电机过流、档位信号错误、动力总线节点丢失等
三级	一般故障	跛行	加速踏板信号故障
三级	一般故障	降功率	驱动电机转速超高
三级	一般故障	限功率	跛行故障、动力蓄电池单体欠压、内部通信故障、SOC 低于 2% 等
三级	一般故障	限速度	低压欠压、制动故障等
四级	轻微故障	只是仪表故障灯点亮，仅停止能量回收	电机控制器温度传感器信号错误、直流欠压、DC/DC 变换器异常等

2.6.5 仪表指示灯

纯电动汽车仪表上的指示灯与传统燃油汽车也有很大区别，具体见表 2-8。

表 2-8 常见仪表指示灯及其含义

指示灯图形	含义
READY	仪表中出现"READY"字样指示灯，表示目前车辆已正常起动，处于待机状态。此时挂入前进或倒档，车辆即可行驶。个别车型也会显示"OK"字样
(驱动电机过热图标)	表示驱动电机过热
(整车系统故障图标)	表示整车系统故障

电动汽车彩色图解：结构 原理 保养

（续）

指示灯图形	含义
	驱动电机系统故障，包括电机和电机控制器
	电量过低，立即充电
	正在执行跛行模式，最大速度一般不高于20km/h
	动力蓄电池系统故障
	充电线已连接

（续）

指示灯图形	含义
	高压系统断开故障
	低压充电系统故障

Chapter Three

第三章
混合动力电动汽车结构原理

3.1 宝马 i3 增程版混合动力电动汽车

目前市场在售的宝马 i3 电动汽车有两种版本：一种为纯电动版，另一种为增程版。增程版宝马 i3 是在纯电动版的基础上选装一套增程器，成为一种增程式混合动力电动汽车。增程电机能够使动力蓄电池的充电状态保持恒定，使车辆能够继续使用电能行驶，如图 3-1 所示。

宝马 i3 增程版

图 3-1 宝马 i3 增程版动力系统主要结构

第三章 混合动力电动汽车结构原理

宝马i3为后驱车型,动力系统部件全部集中在车辆后部,其中主要由增程电机(发电机)、增程电机控制器、驱动电机、驱动电机控制器、减/差速器和一台发动机组成。高压蓄电池被铝合金框架包裹,安装在车辆中部且比较低的位置。

宝马i3增程式混合动力汽车的动力系统结构如图3-2和表3-1所示,其中橘黄色表示高压电缆连接,绿色箭头表示机械连接。

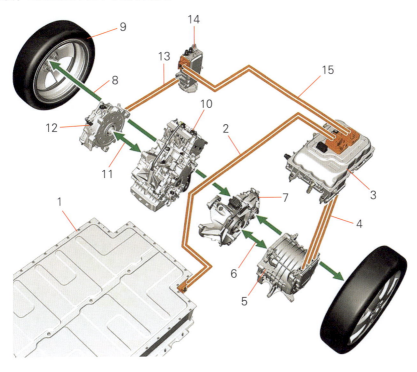

图3-2 宝马i3增程版内部结构

注:图中序号与表3-1中序号相对应。

表3-1 宝马i3增程版各部件名称和功能

序号	名称	说明
1	高压蓄电池	锂离子蓄电池,额定能量为33kW·h
2	驱动电机控制器与高压蓄电池之间的高压线束	
3	驱动电机控制器(EME)	将高压蓄电池的直流电转换为三相交流电输送给驱动电机。制动能量回收时则相反。同时,EME还具有将高压直流转换为低压直流,从而为整车低压电网供电的功能
4	驱动电机控制器至驱动电机的高压线束(U/V/W 三相)	
5	驱动电机	最大功率为125 kW,最大转矩为250N·m。在车辆制动或滑行时,驱动电机可变为发电机,为高压蓄电池充电

(续)

序号	名称	说明
6	驱动电机与减/差速器之间的机械传递	
7	减/差速器	只有一个固定传动比，比值为9.7∶1
8	驱动电机通过减/差速器到后车轮的机械传递	
9	后车轮	
10	发动机	0.65L 双缸
11	发动机与增程电机之间的动力传递	
12	增程电机	由发动机带动，发出的电能用于驱动电机或为高压蓄电池充电
13	增程电机控制器与增程电机之间的高压线束	
14	增程电机控制器	
15	增程电机控制器与驱动电机控制器之间的高压线束	

高压蓄电池的SOC在6.5%以上时，增程电机和发动机均不工作。如果SOC降低至6.5%，则发动机起动，带动增程电机发电。增程电机产生的电量根据驾驶需要输送给驱动电机或为高压蓄电池充电。其最终的控制目标是将SOC控制在6.5%附近。但是，如果激烈驾驶，则SOC可能会继续下降。如果希望将SOC恢复至6.5%以上乃至100%，则须外接电网进行充电。

增程器相关组件是由一台运行非常平稳、安静的双缸汽油发动机、增程电机（发电机）、增程电机控制器和发动机控制单元组成，如图3-3所示。

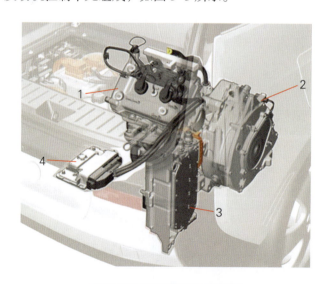

图3-3 宝马i3增程器总成

1—增程器（0.65L双缸发动机） 2—增程电机（发电机）
3—增程电机控制器（REME） 4—增程器数字式发动机电子系统(RDME)

3.2 奥迪 Q5 混合动力电动汽车

奥迪 Q5 混合动力四驱 SUV 采用了高效的并联式混合动力技术。该车使用 155 kW 的 2.0L TFSI 发动机和近 40kW 的液冷式电机，电机则由小巧的锂离子蓄电池进行供电。

3.2.1 结构

奥迪 Q5 hybrid quattro 为单轴并联式混合动力汽车，其动力传动系统及高压电气部件主要由 2.0L TFSI 汽油机、电机、8 档手自一体变速器、功率控制电子装置、电动空调压缩机、高压蓄电池单元等部件组成，如图 3-4、图 3-5 所示。

图 3-4　奥迪 Q5 混合动力系统组成

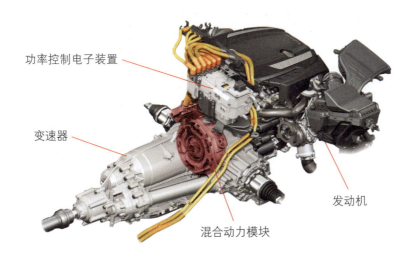

图 3-5　奥迪 Q5 混合动力总成

1. 高压蓄电池单元

奥迪 Q5 混合动力 SUV 的高压蓄电池如图 3-6 所示。

图 3-6 高压蓄电池

该高压蓄电池内部主要由蓄电池调节控制单元 J840 和由 72 个锂离子单体蓄电池串联而成的蓄电池组组成。每个单体蓄电池额定电压为 3.7V，18 个单体蓄电池为一个电芯组。最终会有 72 个单体蓄电池进行串联，使得整体蓄电池包的额定电压为 266V。奥迪 Q5 混合动力 SUV 蓄电池电芯组如图 3-7 所示，性能参数见表 3-2。

图 3-7 18 个单体蓄电池组成的电芯组

表 3-2 高压蓄电池的性能参数

项目	数值
额定电压	266V
单体电压	3.7V
蓄电池单体数量	72（串联）
容量	5A·h
总能量	1.3kW·h
可用能量	0.8kW·h
功率	最大 40kW
质量	38kg

高压蓄电池配有冷却系统，该系统内含有一个独立的空调蒸发器，它连接在电动空调压缩机的制冷剂循环管路上。控制单元通过相应的温度传感器感知动力蓄电池的工作温度，控制鼓风机和制冷剂截止阀工作，从而为高压蓄电池冷却，如图 3-8 所示。

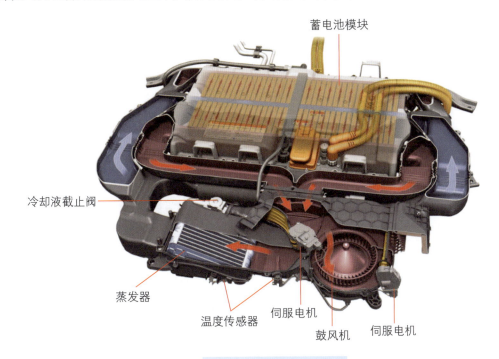

图 3-8 高压蓄电池的冷却

2. 混合动力模块

混合动力模块安装在发动机和自动变速器之间的空隙处（取代变矩器），如图 3-9 所示。混合动力模块包含一个永磁同步电机，该电机由定子产生的三相旋转磁场来驱动。

电机可作为发动机的起动机、发电机和驱动电机等。

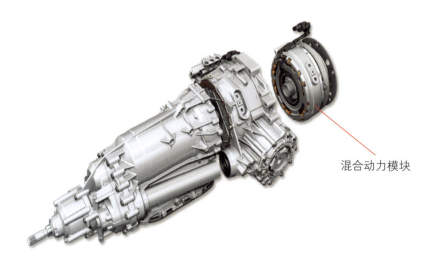

图 3-9 混合动力模块

除了定子和转子等主要部件，混合动力模块中还包含有多片式离合器 K0、转子位置传感器和温度传感器等部件，如图 3-10 所示。其中离合器 K0 用来接合、分离发动机与电机之间的连接。

除此之外，在电机和变速器之间还有一组多片式离合器 K1，用来结合、分离电机与传动系统之间的连接。

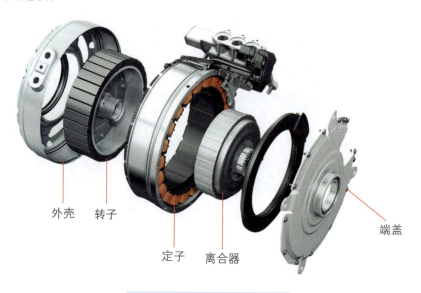

图 3-10 混合动力模块分解图

3. 功率控制电子装置

功率控制电子装置安装在右前风窗玻璃下的集水槽附近，其内部是由电驱动控制单元、变换器、驱动电机逆变器和中间电容器等部件组成，如图 3-11 所示。

第三章 混合动力电动汽车结构原理

图3-11 功率控制电子装置

（1）电驱动控制单元

电驱动控制单元J841根据发动机控制单元提供的信息来控制电机，根据车辆状态和驾驶需求使电机成为驱动电动机或发电机；还可根据电机位置和温度等信息来对其进行控制；另外，可根据需要激活低温循环冷却液泵。

（2）变换器

DC/DC变换器可将高压直流（266V）转换成低压直流（12V）；同样也可相反地将低压直流转换成高压直流。

（3）电机逆变器

电机逆变器A37为双向脉冲式逆变器，其可将高压蓄电池的直流电转换成三相交流电，提供给交流驱动电机使用；在能量回收和发电机工况时，会将三相交流电转换成直流电，为高压蓄电池充电。

（4）中间电容器

中间电容器1-C25是电机的蓄能器。在"15号线关闭"或发生碰撞等紧急情况时，中间电容器会通过一个电阻放电。放电会降低功率电子装置电容器的剩余电压，由高压蓄电池管理系统来控制。为了安全，在操作时须遵守规定的等待时间。

图3-12为功率控制电子装置工作原理。

4. 电动空调压缩机

电动空调压缩机V470利用高压电工作，其总成内装有空调压缩机控制单元J842。J842连接在扩展CAN-总线上，它从空调控制单元J255上获取让压缩机工作的信息。电动空调压缩机如图3-13所示。

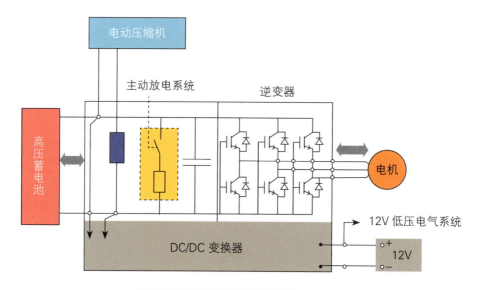

图 3-12 功率电子装置工作原理示意图

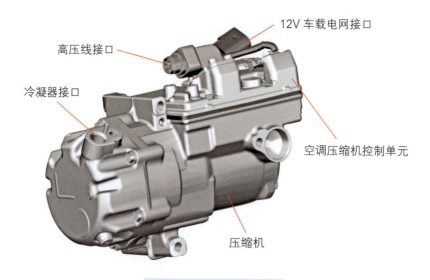

图 3-13 电动空调压缩机

3.2.2 驱动模式

奥迪 Q5 hybrid quattro 由一台发动机、一台电机、两个多片式离合器和 8 档变速器组成了单轴并联式混合动力系统,工作模式具体如下。

1. 起动发动机

起动发动机时,如果高压蓄电池电量充足,则电机充当起动机的作用;否则,由辅助起动机来完成起动,如图 3-14 所示。

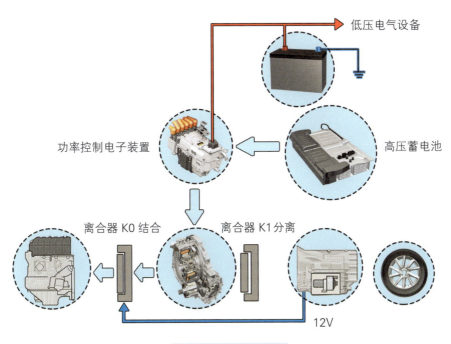

图 3-14 起动发动机

2. 起步、低速行驶

车辆在起步、低速或轻载行驶时,由电机负责驱动,此时为纯电动工作模式,如图 3-15 所示。

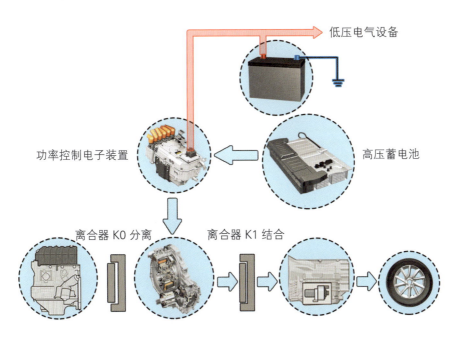

图 3-15 起步、低速行驶

3. 匀速行驶

匀速行驶时，车辆由发动机驱动，此时发动机可在最佳的负荷状态工作，从而能够降低排放。如果动力蓄电池的电量较低，发动机的剩余能量还可驱动发电机对动力蓄电池进行充电，如图3-16所示。

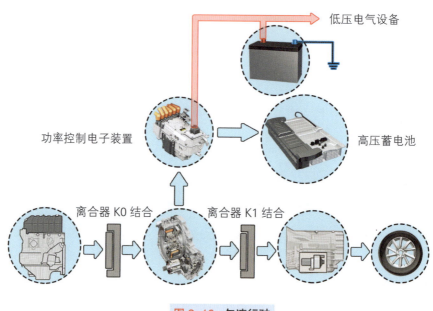

图 3-16 匀速行驶

4. 大功率输出

车辆在加速、爬坡等工况需要大功率输出时，由发动机和驱动电机共同驱动车辆，如图3-17所示。

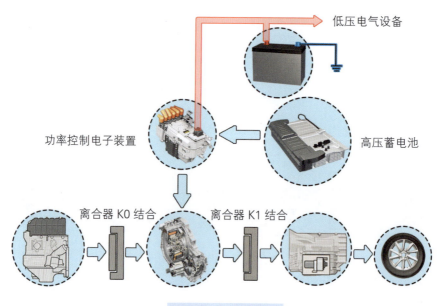

图 3-17 大功率输出

5. 能量回收

车辆制动或滑行时，驱动电机变为发电机，此时车轮及相关传动系统带动发电机为高压蓄电池充电，如图 3-18 所示。

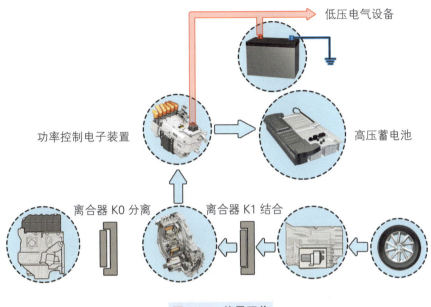

图 3-18 能量回收

3.3 丰田混合动力电动汽车

丰田混合动力系统（Toyota Hybrid System，THS）同时兼顾串联混动和并联混动的驱动模式，目前在丰田及其旗下品牌诸多车型上均有配备，如凯美瑞、卡罗拉、雷凌、普锐斯、雷克萨斯等，如图 3-19~图 3-21 所示。

图 3-19 丰田普锐斯混合动力电动汽车

图 3-20 丰田卡罗拉混合动力电动汽车

丰田混合动力系统

图 3-21 雷克萨斯 ES 300h 混合动力电动汽车

3.3.1 结构

THS 主要由阿特金森循环发动机、配有两个电机和行星齿轮机构的混合动力驱动桥、变频器总成和镍氢高压蓄电池（插电式为锂离子蓄电池）等部件组成。图 3-22 为普锐斯混合动力系统的主要结构。

1. 发动机

丰田混合动力系统发动机的最大特点就是采用了阿特金森循环（图 3-23、图 3-24）。

阿特金森循环与传统奥托循环发动机不同之处在于：通过晚关进气门的方法缩短实际的压缩行程，实现膨胀比大于压缩比，如图 3-25 所示，从而能够提高发动机的热效率并且节约燃油。

第三章 混合动力电动汽车结构原理

图 3-22 普锐斯混合动力系统的主要结构

发动机
高压蓄电池
变频器总成
混合动力驱动桥

图 3-23 丰田 2.5L 阿特金森循环发动机

图 3-24 丰田 1.8L 阿特金森循环发动机

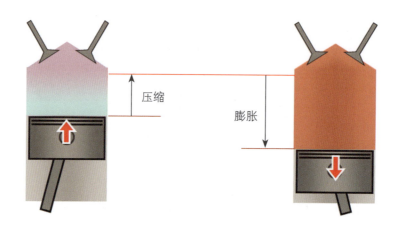

图 3-25 膨胀比大于压缩比

阿特金森循环发动机的缺点是在低转速区会大幅降低发动机的输出功率和输出转矩。不过，THS 混合驱动桥内的电机会弥补这个缺点。

2. 混合动力驱动桥

混合动力驱动桥的动力输出特性与传统的无级变速器（Continuously Variable Transmission,CVT）十分相似，因此通常称其为 E-CVT。但是其内部结构和工作原理与传统的 CVT 大不相同。图 3-26 为丰田 1.5L 阿特金森循环发动机和带逆变器的混合动力驱动桥。

图 3-26 丰田 1.5L 阿特金森循环发动机和带逆变器的混合动力驱动桥

混合动力驱动桥主要由发电机（MG1）、电机（MG2）、行星齿轮机构、减速齿轮、差速器和燃油泵等部件组成，具体结构如图 3-27 所示。

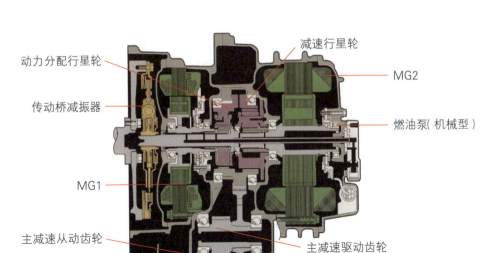

图 3-27 丰田混合动力驱动桥内部结构

在混合动力驱动桥中的行星齿轮机构中，太阳轮与 MG1 连接，行星架与发动机连接，齿圈与 MG2 连接，如图 3-28 和图 3-29 所示。

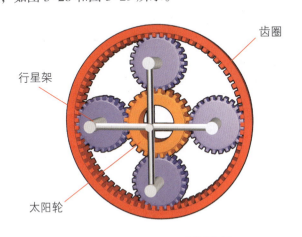

图 3-28 行星齿轮机构

THS 不断控制发动机、MG1 和 MG2 三者的输出转矩和转速，再通过行星齿轮机构进行动力混合，最终使车辆能够实现不同的动力模式，并且其动力输出特性与传统的 CVT 十分相似。

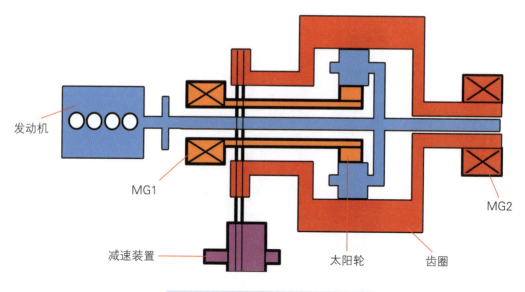

图 3-29 丰田混合动力各部件连接关系

3. 变频器总成

变频器总成（图 3-30）安装在混合动力驱动桥的上部，其内部主要有电机控制单元、增压变换器、逆变整流器、DC/DC 变换器和空调变频器组成。

图 3-30 变频器总成

（1）增压变换器

能够将高压蓄电池的 201.6V 直流电压增压到 500V；反之，亦可将直流 500V 电压降到 201.6V。

（2）逆变整流器

能够将直流 500V 转换成交流 500V，给电机 MG2 供电；反之，亦可将交流 500V 转换成直流 500V，经降压后，给高压蓄电池充电。

（3）DC/DC 变换器

将高压蓄电池的直流 201.6V 降为直流 12V，为车身电器供电，同时为 12V 蓄电池充电。注意：部分车型的 DC/DC 变换器在高压蓄电池内，如凯美瑞。

（4）空调变频器

将高压蓄电池的直流 201.6V 转换成交流 201.6V，从而为空调系统中的电动变频压缩机供电。注意：部分车型的空调变频器与压缩机集成在一起。

变频器总成的控制功能如图 3-31 所示。

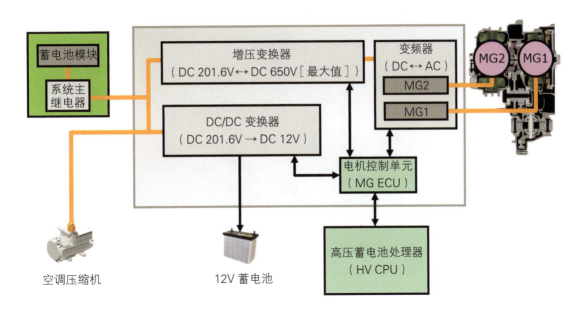

图 3-31　变频器总成控制功能

4. 高压蓄电池

（1）结构

THS 的高压蓄电池安装在车辆行李舱内，其主要结构有控制单元、蓄电池模块、蓄电池模块用温度传感器、接线盒、冷却用鼓风机等，如图 3-32 所示。

THS 高压蓄电池由 168 个（普锐斯）单格镍氢蓄电池组成，每一个单格镍氢蓄电池的电压为 1.2V，每 6 个串联组成一个蓄电池模块，28 个蓄电池模块串联组成一个蓄电池包。蓄电池包总额定电压为 201.6V（1.2V/ 单格 ×6 个单格 / 模块 ×28 个模块），如图 3-33 所示。

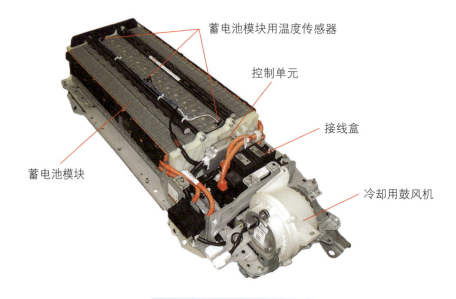

图 3-32 THS 高压蓄电池结构

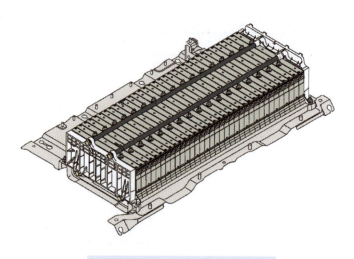

图 3-33 THS 高压蓄电池内部构造

（2）镍氢蓄电池的特点和原理

镍氢蓄电池是以氢氧化镍作为正极、储氢合金作为负极、碱液（主要为氢氧化钾）作为电解液制成的蓄电池，标称电压为 1.2V。镍氢蓄电池的特点是价格低廉、技术成熟、寿命耐用性长，其具体结构如图 3-34 所示。

镍氢蓄电池在放电时，储氢合金中的氢气会留下电子变成氢离子并融入电解液，因此融合到电解液中的氢氧根离子反应生成水。之后，通过导线由储氢合金中移动过来的电子，会与电解液中的氢离子反应，正极的羟基氧化镍会变成氢氧化镍，电解液中的水会变成氢离子和氢氧根离子。

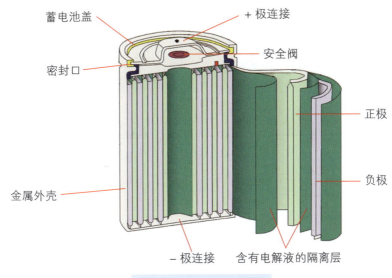

图 3-34 镍氢蓄电池结构

充电过程则与上述过程相反,即通过充电,氢气会再次被存储到储氢合金中,如图 3-35 所示。

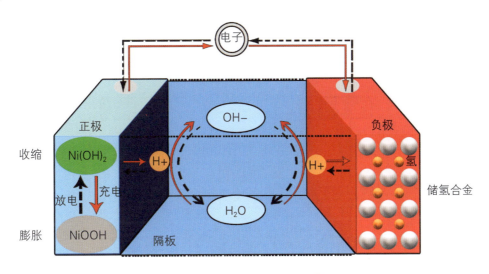

图 3-35 镍氢蓄电池工作原理

如果储氢合金经常出现储氢不足的情况,那么其储存氢的能力就会大幅下降,蓄电池的寿命也会相应降低。因此,在使用了镍氢蓄电池的混合动力汽车中,其控制策略会着重于镍氢蓄电池的电量控制。

3.3.2 驱动模式

丰田混合动力系统结构如图 3-36 所示。

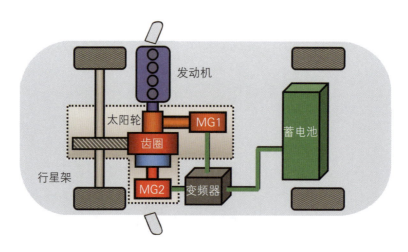

图 3-36 丰田混合动力系统结构示意图

1. 车辆静止时起动发动机

动力蓄电池控制单元识别到发动机已满足起动的条件,即控制 MG1 带动太阳轮正转,此时行星架相对于太阳轮是同向减速状态,发动机起动。同时,为了防止反作用力驱动齿圈而使车轮转动,控制单元命令变频器总成向 MG2 输出电流,使其固定。具体过程如图 3-37 和图 3-38 所示。

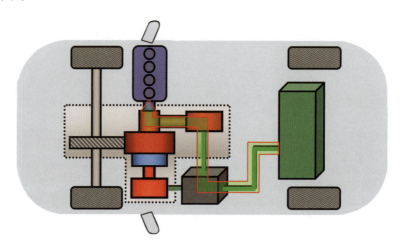

图 3-37 车辆静止时起动发动机

2. 车辆静止时充电

发动机起动后,通过行星架带动太阳轮旋转,此时太阳轮相对于行星架是同向加速状态。由于太阳轮与 MG1 相连,所以 MG1 实现发电功能。同时,为了防止反作用力驱动齿圈而使车轮转动,控制单元命令变频器总成向 MG2 输出电流,使其固定。具体过程如图 3-39 和图 3-40 所示。

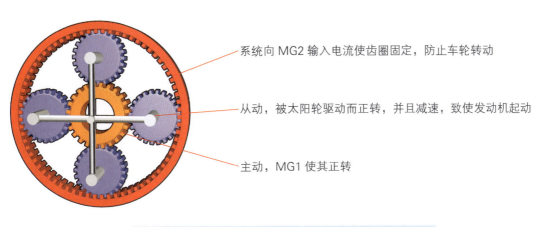

图 3-38 车辆静止起动发动机时行星齿轮机构的工作状态

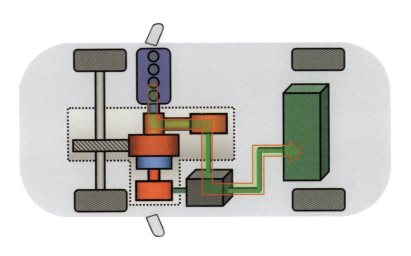

图 3-39 车辆静止时充电

图 3-40 车辆静止充电时行星齿轮机构的工作状态

3. 起步

当车辆在小负荷、慢加速的起步工况时，控制单元控制 MG2 正转，MG2 带动齿圈及相关传动机构使车辆前进。此时发动机和行星架为静止状态，从而导致太阳轮和 MG1 反转，并不发电。具体过程如图 3-41 和图 3-42 所示。

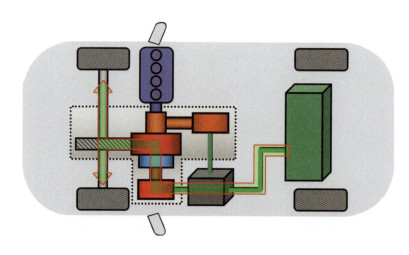

图 3-41　起步

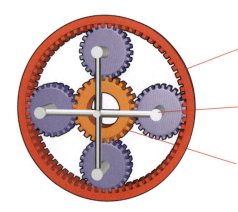

主动，由 MG2 带动且正转，通过齿圈向车轮传递动力，使车辆前行

静止，发动机不工作

从动，反向带动 MG1 运转，并且不发电

图 3-42　起步时行星齿轮机构的工作状态

4. 车辆起步时起动发动机

在电机 MG2 驱动车辆的同时，如果需要更多的动力，控制系统将命令 MG1 正转，使太阳轮带动齿圈，从而起动发动机。具体过程如图 3-43 和图 3-44 所示。

5. 车辆起步时发电

在电机 MG2 驱动车辆的同时，已经起动的发动机带动 MG1 正向运转进行发电，并为 MG2 提供电力。同时，发动机的动力也会通过齿圈传递到车轮。具体过程如图 3-45 和图 3-46 所示。

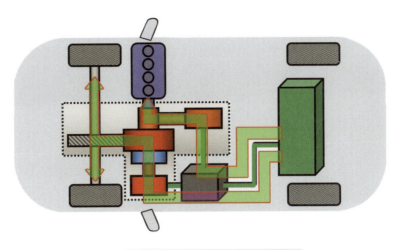

图 3-43 车辆起步时起动发动机

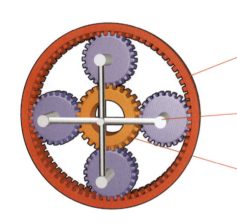

主动,由 MG2 带动并且正转,通过齿圈向车轮传递动力,使车辆前行

从动,被 MG1 带动正向旋转,起动发动机

主动,系统监控到需要发动机起动时,命令 MG1 带动太阳轮,太阳轮则带动行星架

图 3-44 车辆起步起动发动机时行星齿轮机构的工作状态

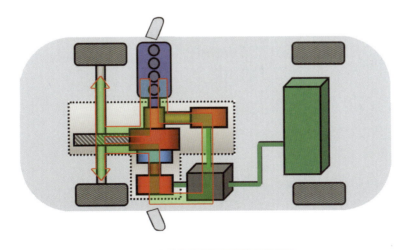

图 3-45 车辆起步时发电

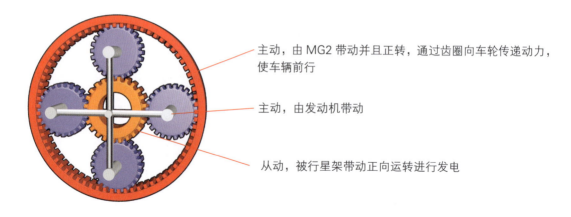

主动，由MG2带动并且正转，通过齿圈向车轮传递动力，使车辆前行

主动，由发动机带动

从动，被行星架带动正向运转进行发电

图3-46 车辆起步发电时行星齿轮机构的工作状态

6. 车辆轻微加速

车辆在轻微加速时，动力蓄电池控制单元会控制发动机提高转速，其中一部分动力会直接通过行星架传递到齿圈进行动力输出；剩余动力则通过行星架带动太阳轮，使MG1发电，之后再通过变频器将电力输送给MG2，这时MG2再提供更多的动力到齿圈，实现加速。具体过程如图3-47和图3-48所示。

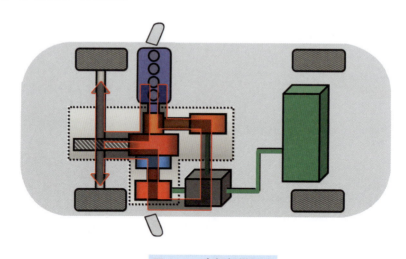

图3-47 车辆轻微加速

7. 车辆大负荷加速

车辆在大负荷加速时，发动机的转速会进一步提高，其中一部分动力会直接通过行星架传递到齿圈进行动力输出；剩余动力则通过行星架带动太阳轮，使MG1发电，发出的电力通过变频器输送给MG2，同时高压蓄电池也会根据加速需求程度给MG2提供电力。具体过程如图3-49和图3-50所示。

第三章 混合动力电动汽车结构原理

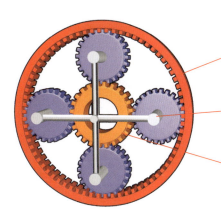

齿圈同时受到两路动力驱动，一路为发动机驱动行星架，此时齿圈相对于行星架为同向加速状态；第二路为 MG2 直接驱动

主动，由发动机带动，产生的动力分为两路，一路通过齿圈直接为车轮提供部分动力；另一路通过太阳轮驱动 MG1 发电

从动，被行星架带动正向运转，进行发电。此时太阳轮相对于行星架为加速状态。由于发动机转速增加，太阳轮转速也会增加

图 3-48　车辆轻微加速时行星齿轮机构的工作状态

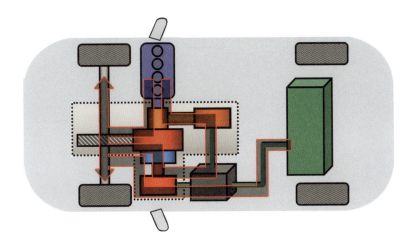

图 3-49　车辆大负荷加速

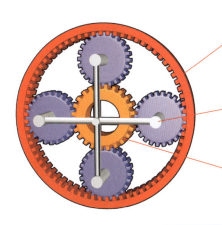

齿圈同时受到两路动力驱动，一路为发动机驱动的行星架，第二路为 MG2 直接驱动。由于发动机和 MG2 的转矩均有提升，此时齿圈的输出转矩为增大状态

主动，由发动机带动，转速进一步提高。产生的动力分为两路，一路通过齿圈直接为车轮提供部分动力，另一路通过太阳轮驱动 MG1 发电

从动，被行星架带动正向运转，进行发电。由于发动机转速增加，太阳轮转速也会增加

图 3-50　车辆大负荷加速时行星齿轮机构的工作状态

8. 在 D 档位下减速

车辆在 D 档位进行减速时，发动机停止工作，车轮通过传动系统、齿圈来驱动 MG2，

此时 MG2 作为发电机为高压蓄电池充电。由于发动机和行星架为静止状态，所以太阳轮为反向运转。具体过程如图 3-51 和图 3-52 所示。

但是，如果在车速较高时进行减速，发动机会继续工作，目的是保护行星齿轮机构。

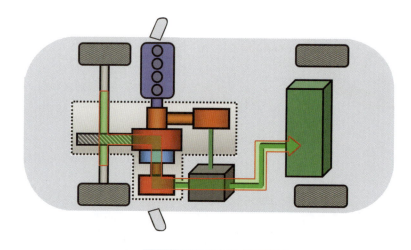

图 3-51　在 D 档位下减速

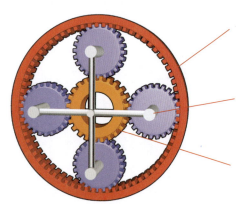

齿圈被车轮带动，与其连接的 MG2 变为发电机

静止，但如果车速较高，则被发动机带动正向运转

从动，反向运转，但是如果车速较高，发动机带动行星架正向运转，太阳轮也会正向运转

图 3-52　在 D 档位下减速时行星齿轮机构的工作状态

9. 在 B 档位下减速

车辆在 B 档位进行减速时，车轮通过传动系统和齿圈来驱动 MG2，此时 MG2 发电，产生的电力一方面为高压蓄电池充电，另一方面驱动 MG1，而 MG1 则控制发动机的转速，实现发动机制动。此时发动机为断油断火状态。具体过程如图 3-53 和图 3-54 所示。

10. 倒车

动力蓄电池控制单元控制 MG2 反向运转，发动机处于静止状态，MG1 正转但不发电。具体过程如图 3-55 和图 3-56 所示。

第三章 混合动力电动汽车结构原理

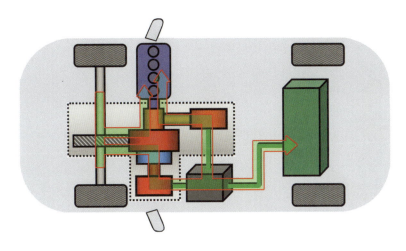

图 3-53 在 B 档位下减速

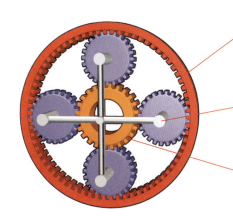

齿圈被车轮带动,与其连接的 MG2 变为发电机,分别为高压蓄电池和 MG1 提供电力

从动,被太阳轮带动并控制转速,实现发动机制动

主动,与其连接的 MG1 通过 MG2 发来的电力进行运转,用以控制行星架的转速

图 3-54 在 B 档位下减速时行星齿轮机构的工作状态

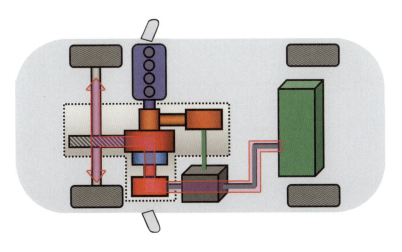

图 3-55 倒车

113

电动汽车彩色图解：结构 原理 保养

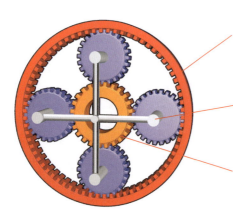

主动，齿圈被 MG2 带动并反向旋转

由于发动机静止，行星架也为静止状态

从动，由于齿圈反向旋转，行星架静止，行星轮也是反向旋转，所以太阳轮是正向旋转。但 MG1 不发电

图 3-56 倒车时行星齿轮机构的工作状态

3.4 高尔夫 GTE 插电式混合动力电动汽车

高尔夫 GTE 是大众首款插电式混合动力电动汽车。此款车型的混合动力驱动方式为并联，在纯电动模式下可行驶 50km。高尔夫 GTE 结构如图 3-57 所示。

图 3-57 高尔夫 GTE 结构

3.4.1 结构

高尔夫 GTE 的动力系统主要由一台 1.4L TSI 发动机、混合动力模块、电子控制装置、充电机、6 速双离合变速器（Direct Shift Gearbox，DSG，又称直接换档变速器）和高压蓄电池组成，如图 3-58 所示。

图 3-58 高尔夫 GTE 结构

1. 高压蓄电池

高尔夫 GTE 的高压蓄电池（图 3-59）安装在车辆底部、后轴前方。该蓄电池为三相电机、加热器、空调压缩机提供电能。其冷却方式为液冷。

图 3-59 高尔夫 GTE 高压蓄电池

在高尔夫 GTE 的高压蓄电池中，每 12 枚单格蓄电池槽（电芯）串联成为一组蓄电池模块，一共又有 8 组蓄电池模块串联成为一个蓄电池包。整体蓄电池的额定电压为 352V 左右，存储电量为 8.8kW·h。

高尔夫 GTE 高压蓄电池的组成如图 3-60 所示，蓄电池模块的组成如图 3-61 所示。

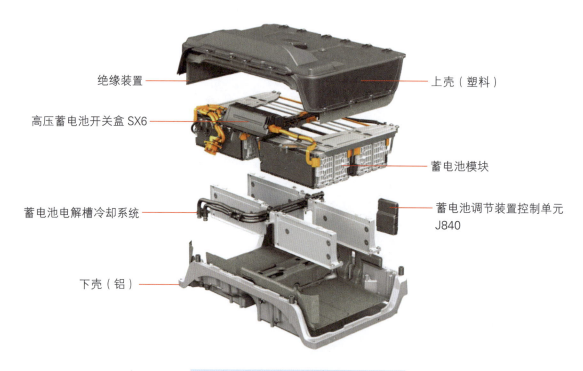

图 3-60　高尔夫 GTE 高压蓄电池的组成

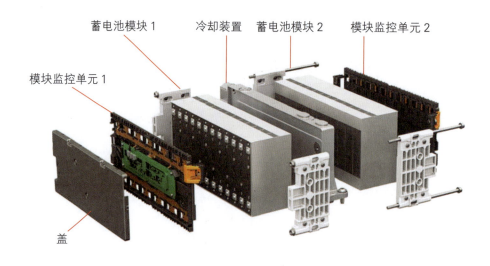

图 3-61　高尔夫 GTE 蓄电池模块的组成

2. 电子控制装置

高尔夫 GTE 电子控制装置（图 3-62）安装在前机舱的左侧，其内部主要有控制电机的三相电流驱动器、DC/DC 变换器等。另外，电子控制装置还负责高压蓄电池与车载充电机之间的电气连接。

图 3-62 电子控制装置

3. 充电机

充电机（图 3-63）安装在前机舱的左侧、电子控制装置的前方。其功能为将电网的交流电转变为直流电提供给高压蓄电池。此外，该充电机还会根据整车和高压蓄电池的状态对充电电流、电压进行控制。

图 3-63 充电机

4. 混合动力模块

混合动力模块位于发动机和变速器之间，是由三个多片式离合器（K0、K1 和 K2）和一台电机组成，如图 3-64 和图 3-65 所示。

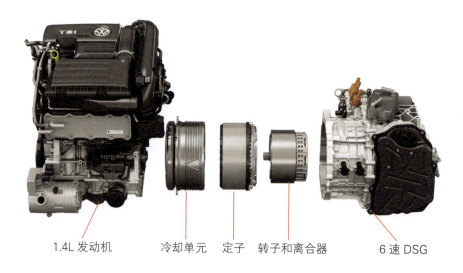

图 3-64 发动机、混合动力模块和变速器

图 3-65 混合动力模块的组成

其中离合器 K0 用于发动机与电机之间的结合或分离；离合器 K1 和 K2 用于电机与变速器之间的结合或分离。混合动力模块的剖视图如图 3-66 所示。

3.4.2 驱动模式

高尔夫 GTE 为单轴并联插电式混合动力系统，其驱动模式主要有纯电模式、发动机模式、发动机 + 电力模式和能量回收模式等。

高尔夫 GTE 混合动力系统结构如图 3-67 所示。

第三章 混合动力电动汽车结构原理

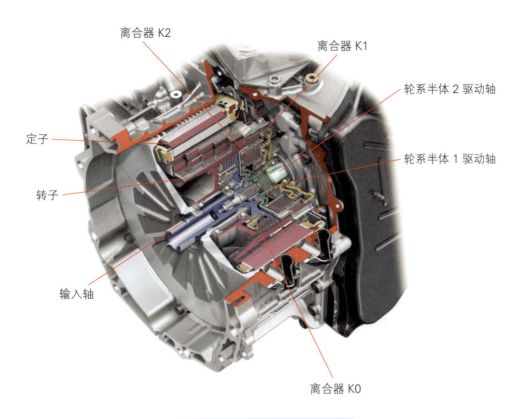

图 3-66 混合动力模块的剖视图

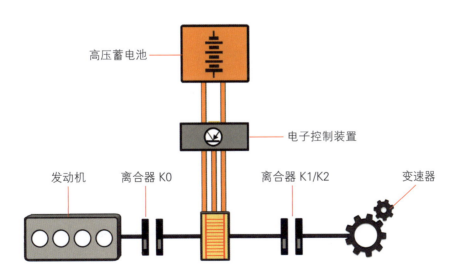

图 3-67 高尔夫 GTE 混合动力系统结构示意图

119

1. 纯电动模式

在纯电动工作模式下，车辆只由电机驱动，此时离合器 K0 断开，离合器 K1 或 K2 接合，电机的驱动力被传递到变速器，如图 3-68 所示。

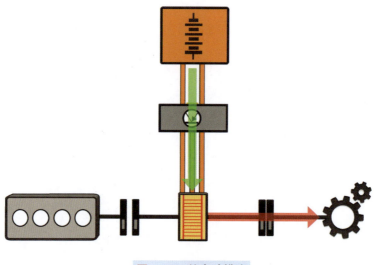

图 3-68　纯电动模式

2. 发动机模式

在发动机模式下，车辆由发动机驱动。此时离合器 K0 和 K1/K2 均为接合状态，发动机的动力被传递到变速器；同时，电机也被发动机带动旋转发电，经电子控制装置转换后，为高压蓄电池充电，如图 3-69 所示。

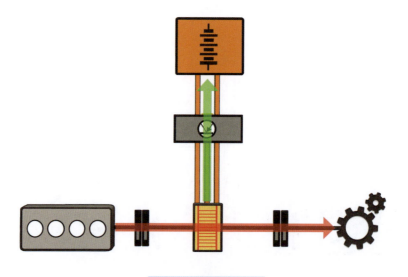

图 3-69　发动机模式

3. 发动机 + 电力驱动模式

当车辆需要较大的动力输出时，发动机和电机会共同驱动车轮。此时离合器 K0 和 K1/K2 均为接合状态，如图 3-70 所示。

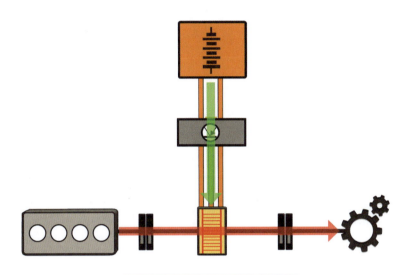

图 3-70　发动机 + 电力驱动模式

4. 能量回收模式

当车辆减速时，离合器 K1/K2 接合。此时动力经变速器传递给电机进行发电，为高压蓄电池补充电量，如图 3-71 所示。

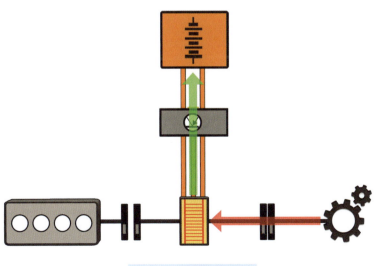

图 3-71　能量回收模式

5. 外接电网充电

车辆处于静止状态时，可使用配套的充电设备连接交流电网进行充电，如图3-72所示。

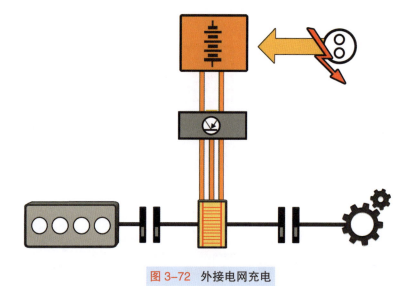

图3-72 外接电网充电

Chapter Four

第四章 高压安全防护

4.1 人身高压安全防护

在进行电动汽车的维护保养操作时，必须进行必要的人身安全防护，其中包括穿戴安全帽、防护眼镜、负荷 1kV 以上绝缘标准的手套、绝缘服和绝缘鞋，如图 4-1~ 图 4-5 所示。

图 4-1 安全帽

图 4-2 绝缘手套

图 4-3 绝缘服

图 4-4 绝缘鞋

图 4-5 防护眼镜

另外,电动汽车维护保养的操作人员,还须进行严格的电气安全相关知识培训,并持证上岗,如图 4-6 所示。

图 4-6 低压电工证

4.2 车间高压安全防护

4.2.1 专用工位和急救人员

电动汽车的维护保养操作必须在专用工位进行。工位须配备绝缘地垫、灭火器、绝缘杆、高压安全警示牌、隔离设施,以及专用的绝缘工具。工位中除操作人员外,还需要有一位急救人员随时待命,如图 4-7 所示。

图 4-7 电动汽车专用工位

4.2.2 绝缘工具

在进行电动汽车的维护保养操作时,必须使用专用的绝缘工具,如各种绝缘钳、螺钉旋具、套筒扳手、快速扳手、扭力扳手等,如图4-8所示。

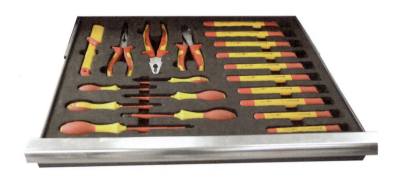

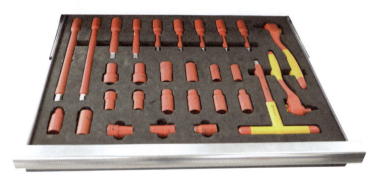

图 4-8 绝缘工具

4.3 车辆高压安全防护

4.3.1 危险警告标识

在所有高压部件的外壳上,均贴有醒目的(一般为黄色)安全警告标识(图4-9),操作人员应按标准进行操作,如下电、戴绝缘手套等。另外,在进行维护保养工作时,一些正在拆装的部件也应摆放高压安全警示标识,如维修开关、12V低压蓄电池等处,以避免其他人员误操作而导致安全事故。

4.3.2 高压电缆与插头

电动汽车中的所有高压电缆均为橘红色(图4-10),不可随意触碰。如发现有插头松脱的情况,也不能立即裸手复位。应按正确流程下电,并戴绝缘手套操作。

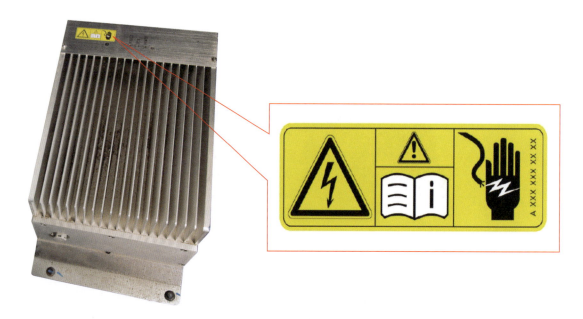

图 4-9 高压警告标识

图 4-10 高压电缆

电动汽车的高压电器插头、插座的制造、防护等级普遍为航空级别，如图 4-11 所示。在拆装过程中须解除两三道锁止机构，方能将插头拔出或复位。禁止强拉硬拽，生扳硬撬。

图 4-11 高压电器插头

4.3.3 维修开关

电动汽车的维修开关一般串联在两组数量平均的蓄电池模块中，如图 4-12 和图 4-13 所示。在进行高压相关操作时，必须按要求拔下维修开关，从而能够快速断开高压电路，使维修工作处于一种较为安全的状态。另外，在发生某些突发情况时，也可拔下维修开关。

不是所有的电动汽车都配备维修开关。

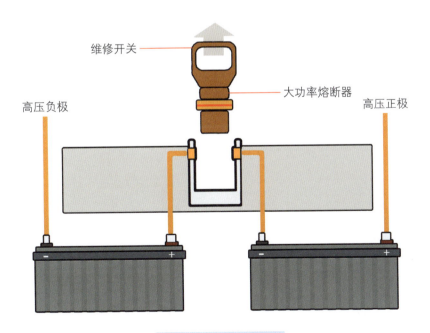

图 4-12 维修开关原理

图 4-13 维修开关

注意事项：

1）必须由经过相关培训的专业人员进行操作。

2）操作之前须确保电门开关处于关闭状态，并且钥匙已拔出。

3）操作时必须穿戴必要的高压安全防护装备，如绝缘靴、绝缘手套、绝缘服等。

4）拔下开关后，必须妥善保管，并且摆放"不可复位"的提示牌。检修完毕后，重新恢复。

5）拆下维修开关后，需等待 3~10min 后方可维修操作，以确保高压线路余电已释放。

4.3.4 高压电气绝缘

电动汽车的高压系统部件与车身和 12V 车载供电系统之间必须有严格的绝缘措施，以防止发生意外的短路而使高强电流流向车身外壳，发生安全事故。高压系统与车身外壳的绝缘也称作电绝缘，如图 4-14 所示。

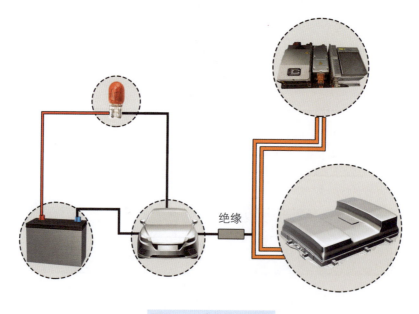

图 4-14 高压电气绝缘

衡量高压系统和车身低压系统之间绝缘性能的物理量就是绝缘电阻。在电动汽车运行时，BMS 通过实时监控这个绝缘电阻的阻值来实现高压断电。

在车辆运行时，车辆的绝缘监控电路负责实时监控高压系统与车身之间的绝缘阻值，如果超过阈值，BMS 控制单元则会立即控制动力蓄电池包内的总正、总负继电器断开。在有些车型中，BMS 控制单元通过 CAN 总线将超过阈值的信号传递给 VCU，最后由 VCU 控制继电器断开，如图 4-15 所示。

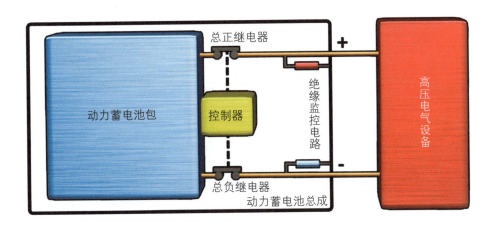

图 4-15　绝缘监控

4.3.5　高压互锁

高压互锁系统能够确定所有高压部件、插头和电缆等是否连接正常。它实质上是一根低压线，将所有高压插头、电缆串在一起（图 4-16）。车型不同，高压互锁的结构不同。

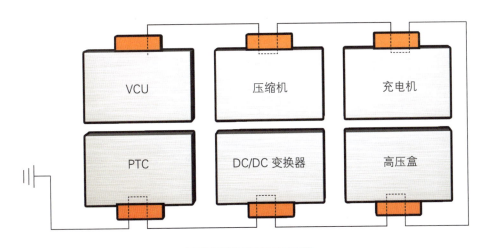

图 4-16　高压互锁连接

如果高压部件的插头或电缆断开，则高压互锁线断开。此时负责监控的相关控制器立即向BMS控制器发出信息，BMS断开高压输出继电器，实现高压断电。高压互锁端子如图4-17所示。

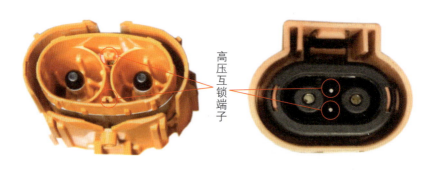

图4-17 高压互锁端子

4.3.6 下电、验电流程

在进行电动汽车的维护保养操作之前，必须按正确的流程将高压系统下电（切断高压电输出），并且还要检测高压部件的残余电量，确保其在人体安全电压标准范围之内方可进行相关操作，具体流程如图4-18所示。

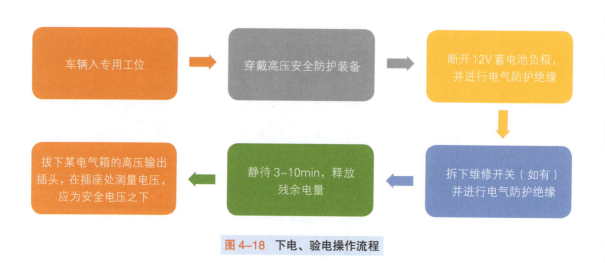

图4-18 下电、验电操作流程

电动汽车的电机控制器或其他功率器件中都装配有大电容，在每次车辆断电后，VCU会指令这些大电容自动放电，这个过程称为主动放电。但是在进行拆装和保养操作时，还必须进行被动放电，即按上述流程，必须等待3~10min后方可进行下一步操作。

Chapter Five

第五章
维护保养

5.1 检查绝缘

电动汽车动力蓄电池的直流输出电压一般为72~600V，而人体的安全电压为36V。因此，国家在电动汽车的相关标准中提出了明确规定，其中包括高压系统与车身之间的绝缘值必须符合标准数值。

在车辆运行时，VCU 和 BMS 实时监控车辆的绝缘状态，如果超过阈值，则会立即断开动力蓄电池的高压输出，同时通过 CAN 总线向仪表传递故障信息，如图 5-1 所示。

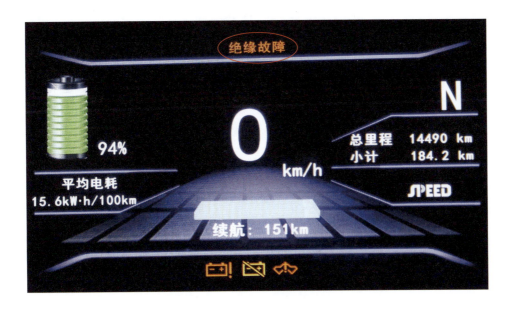

图 5-1　仪表显示绝缘故障

如果出现绝缘故障，则须用绝缘表对整车高压系统进行绝缘测量，以找出发生绝缘故障的部件。下面以福禄克牌绝缘表（图5-2）为例进行说明。

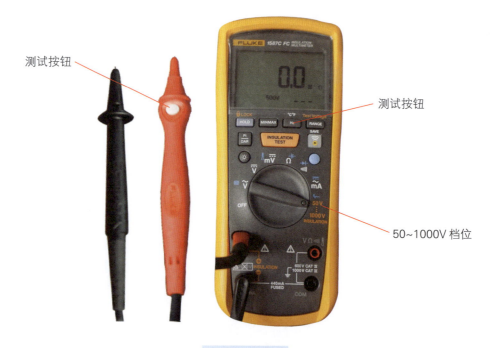

图 5-2　绝缘表

操作前须穿戴高压安全防护装备，并且严格按照标准的流程对车辆下高压电、验电。将绝缘表档位调至50~1000V（根据不同的绝缘表型号，有的绝缘表有500V档位）。

将红表笔搭至所测部件或线束的高压端子，黑表笔接车身（搭铁），如图5-3和图5-4所示。按下测试按钮，如果一个人操作，可按红表笔上的测试按钮。此时绝缘表键盘上的指示灯点亮，同时屏幕显示相应的绝缘数值。各高压部件绝缘标准值（参考）见表5-1。

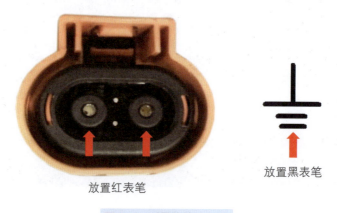

图 5-3　测量绝缘（一）

放置红表笔　　　　　　　放置黑表笔

图 5-4　测量绝缘（二）

表 5-1　各高压部件绝缘标准值（参考）

测量部件	标准数值 /MΩ
动力蓄电池端正、负极输出端子	> 500
动力蓄电池线束端正、负极输出端子	> 500
车载充电器正、负极输出端子	> 20
空调压缩机正、负极输出端子	> 20
PTC 加热器正、负极输出端子	> 500
驱动电机控制器正、负极输出端子	> 20

如果车辆报绝缘故障，必须用绝缘表对高压部件和电缆进行分段排除测量，一般先排除动力蓄电池绝缘故障，之后从中央配电箱开始，依次排除驱动电机和控制器、充电部分、DC/DC 变换器、PTC 加热器和空调压缩机等部件。当然，具体操作还要取决于车辆的高压系统布置结构。

5.2　蓄电池均衡

动力蓄电池在制造和使用过程中必然会存在一定的差异性，这就造成了各单体蓄电池存在电量不一致的情况，主要表现在单体容量、内阻、自放电率、充放电效率等方面，如图 5-5 所示。单体的不一致，会造成某个单体蓄电池充满电而其他单体未充满的情况；反之，也会有某个最小电量的单体放电截止而其他单体还未达到放电截止电压的情况。这样必然会造成蓄电池包整体容量的损失，从而降低蓄电池寿命。有研究表明，电芯 20% 的容量差异，会带来蓄电池包 40% 的容量损失。

图 5-5 蓄电池均衡示意

温度是造成蓄电池包内各单体不均衡的最主要原因。由于蓄电池包内单体的数量非常多，即使在同一个蓄电池包内，每枚单体蓄电池之间也会因为位置和蓄电池受热程度不同而出现温度差，从而使蓄电池出现不均衡，导致续驶里程下降，循环寿命缩短。因此，在车辆使用过程中，必须对动力蓄电池包内的单体蓄电池进行均衡。

蓄电池的均衡分为主动均衡和被动均衡两种。

1. 被动均衡

被动均衡一般通过旁通开关控制放电电路闭合，从而能够对电压较高的单体蓄电池进行单独放电，其电量以热量的形式释放，为其他蓄电池争取更多充电时间，如图 5-6 所示。

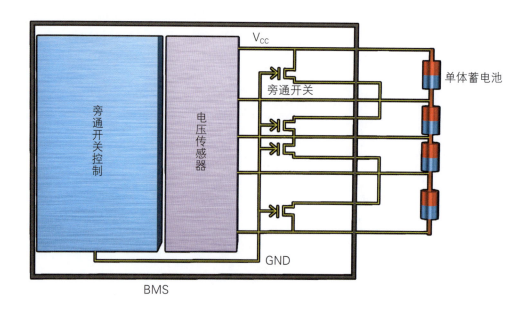

图 5-6 蓄电池均衡原理

如图5-7所示，在充电过程中，2号蓄电池先被充电至充电截止电压，此时BMS将停止充电，这将导致1号、3号蓄电池不能充满。同时，所有系统的充电电量均受限于2号蓄电池，必将造成电量损失。

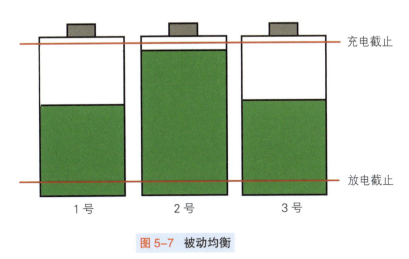

图5-7 被动均衡

所以，BMS会在充电时自动对单体进行均衡。均衡时，控制单元会对2号蓄电池进行放电，延迟其达到充电截止电压值的时间。同时，1号、3号蓄电池的充电时间也会相应延长，进而提升所有单体蓄电池的电量。但是，2号蓄电池放电电量100%被转换成热量释放掉，造成了很大的浪费。

2. 主动均衡

主动均衡是以电量转移的方式进行（图5-8），其特点是效率高、损失小。目前，很多动力蓄电池主动均衡技术尚不成熟，导致蓄电池过放、加速蓄电池衰减的情况时有发生。市场上的主动均衡大多采用变压原理，依托于芯片厂家昂贵的芯片。而且此方法除了均衡芯片以外，还需要昂贵的变压器等周边零部件，体积较大，成本较高。

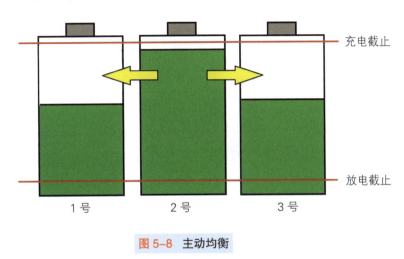

图5-8 主动均衡

5.3 测量等电位线

电气安全技术正在不断地发展和进步，同时人们也注意到，很多电气事故是因为电位差过大引起的。为了预防过大的电位差引起的各种事故，从 20 世纪 60 年代开始，国际上开始推广关于等电位连接的安全技术。而在电动汽车领域这一方法也同样得到了应用，即所有用电设备的壳体都通过导线连接，并且共同接地，这就是等电位线，如图 5-9 所示。

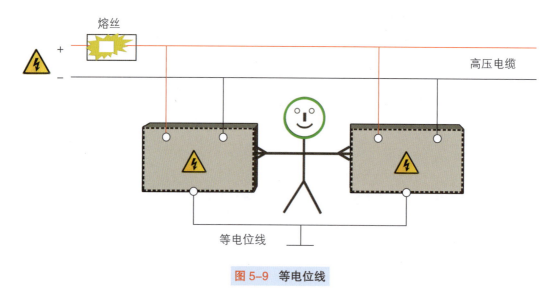

图 5-9　等电位线

每次拆装、更换高压部件之后，要对等电位线进行测量。可测量电气设备壳体的不同位置与接地之间的阻值，如图 5-10 所示。

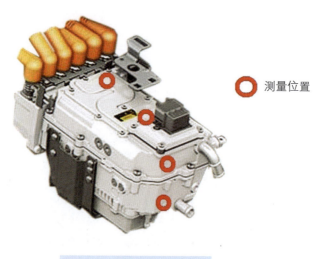

图 5-10　等电位线测量位置

电动汽车的高压部件壳体与接地之间的阻值要求非常小,一般为 50mΩ 以下,按照国家相关标准要求,须使用毫欧表对其进行测量,如图 5-11 所示。

图 5-11 毫欧表

如检测出的阻值高,则需检查等电位线连接螺栓的扭力是否合格。还要检查线缆是否清洁,如锈蚀、油泥、氧化物或接触面脏污等情况均可导致阻值过高的情况,如图 5-12 所示。

图 5-12 等电位线连接要求

参 考 文 献

[1] 李佳音. 新能源汽车构造原理与检测维修[M]. 北京：机械工业出版社，2018.
[2] 敖东光，宫英伟，陈荣梅. 电动汽车结构原理与检修[M]. 北京：机械工业出版社，2017.
[3] 宁德发. 电动汽车结构·原理·检测·维修[M]. 北京：化学工业出版社，2017.
[4] 康拉德·莱夫. BOSCH传统动力传动系统和混合动力驱动系统[M]. 北京永利信息技术有限公司，译. 北京：北京理工大学出版社，2015.